100 RECEITAS DE MASSAS LIGHT

Livros da autora na Coleção **L&PM** POCKET:

100 receitas light (com Ângela Tonetto)
100 receitas de massas light
Alimentação saudável (com Ângela Tonetto)

Helena Tonetto

100 RECEITAS DE MASSAS LIGHT

Coleção **L&PM** POCKET, vol. 914

Texto de acordo com a nova ortografia

Primeira edição na Coleção **L&PM** POCKET: janeiro de 2011

Informações nutricionais: Karine Rabaiolli
Apresentação: Claudia Tajes
Capa: Daniele Bezerra de Almeida. *Foto*: Fabian Gloeden
Revisão: Fernanda Lisbôa e Patricia Rocha

CIP-Brasil. Catalogação-na-Fonte
Sindicato Nacional dos Editores de Livros, RJ

T626c

Tonetto, Helena
 100 receitas de massas light / Helena Tonetto. – Porto Alegre, RS: L&PM, 2010.
 224p. - (Coleção L&PM POCKET; v.914)

 ISBN 978-85-254-2088-6

 1. Culinária (Massas). 2. Dieta de baixa caloria - Receitas. I. Título. II. Série.

10-6142.   CDD: 641.5635
      CDU: 641.8:664.695

© Helena Tonetto, 2010
 www.substancia.com.br

Todos os direitos desta edição reservados a L&PM Editores
Rua Comendador Coruja, 314, loja 9 – Floresta – 90.220-180
Porto Alegre – RS – Brasil / Fone: 51.3225-5777 – Fax: 51.3221-5380

Pedidos & Depto. Comercial: vendas@lpm.com.br
Fale conosco: info@lpm.com.br
www.lpm.com.br

Impresso no Brasil
Verão de 2011

SUMÁRIO

Apresentação 9
Aspectos nutricionais do macarrão 11
Carboidratos complexos x Carboidratos simples 13
Macarrões feitos com grãos integrais 14
História do macarrão 15
Tabela de medidas caseiras 22

MOLHOS BASE 25
    Molho branco 27
    Molho vermelho 28
    Molho agridoce 29

MASSAS COM CARNE 31
    Ravióli ao molho de cordeiro 33
    Espaguete com almôndegas 34
    Espaguete com ragu de peito de peru 36
    Fettuccine ao funghi com escalopes de filé 38
    Fusili com salmão 40
    Pappardelle da calábria 42
    Pappardelle com coelho 43
    Lasanha de frango 45
    Lasanha de salmão ao molho de cidreira 47
    Linguine com peru defumado 49
    Linguine ao molho de anchovas e salmão 50
    Espaguete com frutos do mar 52
    Salada tortiglione com atum 53
    Talharim ao açafrão e frutos do mar 55
    Talharim aos camarões petit-pois 57
    Espaguete de abobrinhas à bolonhesa 59
    Lasanha de espinafre e peito de peru 61
    Nhoque de espinafre à bolonhesa 62
    Talharim com frutos do mar 64

Panquecas de salmão...67
Macarrão de arroz com mignon ao creme..........68

Massas com vegetais...71
Canelones de berinjela 73
Crepes com espinafre 74
Espaguete ao sugo com cogumelos salteados 76
Espaguete ao molho de rúcula............................78
Espaguete de rúcula selvagem e chilli................79
Farfalle com brócolis, anchovas
  e pimenta chilli 81
Macarrão ao pesto de rúcula
  e lascas de parmesão 82
Talharim com molho de tomate, espinafre
  e ricota 84
Talharim ao molho de shitake 86
Lasanha vegetariana...87
Canelones de cogumelos 89
Crepes de alho-poró 91
Talharim com iogurte e cenoura.........................93
Talharim com tomate seco e manjericão............94
Talharim verde à campanha................................95
Crepes recheados com aspargos e queijo 97
Crepes de brócolis 99
Crepes de cogumelos..101
Penne com tomate seco e rúcula 103
Nhoques de abóbora ao alecrim e cogumelos ..104

Massas tradicionais 109
Fettuccine à carbonara......................................111
Nhoque ao molho pesto....................................112
Nhoques da fortuna 114
Nhoque de batata com molho de tomate
  e manjericão...115
Lasanha bolonhesa 117

Penne ao molho italiano 119
Tradicional espaguete ao alho e óleo 121

MASSAS ESPECIAIS 123
Espaguete com limão 125
Espaguete Madonna Mia 126
Espaguete vacanze 127
Espirais com molho fresco de verão 128
Fettuccine San Daniele 130
Nhoque de quinua 131
Farfalle à parisiense 133
Lasanha do dia seguinte 134
Macarrão mediterrâneo 136
Fettuccine ao molho de anchovas e alcaparras .. 138
Penne integral com kani e petit-pois 139
Penne integral ao pesto de tomates e anchovas.. 141
Espaguete ao alho e óleo peperotino 142
Talharim ao molho de nozes 144
Talharim ao molho de champanhe 145
Gravatinha mediterrânea 147
Lasanha de massa de crepe 149
Canelone ao reno 150
Fettuccine à Giovanni 152
Massa tricolor com tofu 154
Macarrão ao tofu 155
Macarrão ao molho de camarões 156
Massa especial de verão 158

MASSAS ORIENTAIS 161
Farfalle ao molho oriental 163
Gaeng Keow Wan Gai 164
Morisoba 166
Penne oriental 167
Soba 169
Yakissoba 171

Massas com queijo 173
   Fusili gratinado 175
   Cappelletti ao forno com mussarela de búfala... 176
   Nhoque de ricota ao molho de tomate.............178
   Rigatoni aos 4 queijos 180
   Penne gratinado..181
   Penne tricolor 183
   Blintzes de ricota 184
   Crepe de ricota com damasco..........................186

Massas doces 189
   Crepes ao molho de laranja 191
   Panquecas com creme de amêndoas................194
   Crepe com sorvete e calda de chocolate...........195
   Crepe de abacaxi 197
   Panquecas de maçã..199
   Crepe de goiaba com mascarpone 201
   Crepes de morango..202
   Blintzes com chocolate....................................204
   Crepe de doce de leite 206
   Crepes doces de ricota.....................................207
   Crepes de figos 209
   Crepe souflé...210

APRESENTAÇÃO

Claudia Tajes

A *mamma* fazendo massas deliciosas e perfumando a casa inteira com o cheiro do domingo é uma imagem (olfativa, vá lá) que até quem nem teve uma *mamma* italiana, ou uma *nonna*, conhece. O que importa mesmo são as sensações de calor e aconchego servidas junto com cada prato de massa, seja na mesa ou na memória.

Hoje já não é bem assim. As refeições de segunda a sexta são cada vez mais rápidas, e os finais de semana, por motivos que incluem a saúde e a estética, deixaram de ser um festival de exageros gastronômicos. As próprias *mamma*s agora trabalham fora e vão à academia, e muitas *nonnas*, em vez de apenas cuidar da cozinha e dos netos, preenchem o tempo em excursões para senhoras e bailes no meio da tarde.

Mas nem tudo está perdido. Para não deixar ninguém sem as lembranças de uma bela macarronada ao sugo, a Substância, da Helena Tonetto, sugere aqui receitas que, se resgatam todo o sabor das massas e dos molhos do nosso imaginário, também cumprem com o papel quase humanitário de não pesar na balança e de não aumentar as medidas da família.

E se, depois de um desses pratos, alguém ainda sentir uma saudade quase insuportável dos dotes culinários da *mamma*, aí o problema não tem nada a ver com a cozinha. É caso para o dr. Freud.

ASPECTOS NUTRICIONAIS DO MACARRÃO

Estudos comprovam que é necessária apenas uma alimentação balanceada para se ter saúde, e isso também significa se alimentar com prazer. Eliminar de vez os carboidratos, como atualmente muitas dietas sugerem, em contrapartida, só favorece o aparecimento de males como dor de cabeça, irritação, cansaço físico e mental.

Alguns motivos para incluir o macarrão na sua alimentação:

√ É fonte de energia;
√ É prático;
√ Combina com diversos tipos de molhos;
√ Pode ser consumido em todas as estações do ano;
√ Agrada a todos os públicos;
√ Está sempre disponível em todas as regiões do país.

Ao contrário do que a maioria das pessoas pensa, o macarrão não engorda. Estudos científicos comprovam que as massas podem e devem entrar nas refeições diárias de qualquer pessoa. A quantidade ideal de carboidrato (massas, cereais, pães) é de 6 a 11 porções por dia, ou de 55% a 60%.

O macarrão faz parte do grupo dos alimentos energéticos, por ser rico em carboidrato, e faz parte da base da pirâmide alimentar.

Um bom momento para comer um prato de macarrão seria no horário do almoço, pois a energia fornecida nesta refeição é gasta ao longo da tarde, nas mais diversas atividades, como o trabalho, por exemplo.

Ao contrário do que as pessoas imaginam e praticam, outro momento muito interessante e adequado de ingerir uma boa macarronada é depois da atividade física. Durante a atividade física, há um gasto de energia muito grande e a ingestão do carboidrato, neste caso o macarrão, faria a função de repor glicogênio muscular para não queimar músculo, mas, sim, gordura durante a atividade física.

CARBOIDRATOS COMPLEXOS X CARBOIDRATOS SIMPLES

Como falado anteriormente, o macarrão faz parte do grupo dos alimentos energéticos, ou seja, grande parte de seu valor nutricional é proveniente de carboidratos. Muito se fala que os carboidratos provenientes do macarrão comum são vilões de uma alimentação saudável e devem ser evitados, mas pouco se conhece a fundo sobre qual é seu papel na alimentação dos brasileiros, como ocorre a absorção no organismo humano e até que ponto seu consumo é indicado.

O carboidrato proveniente do macarrão é denominado complexo. Porém, o fato de ser refinado faz com que ele seja uma fonte de energia facilmente disponível. Ele tem digestão mais lenta, mantendo uma saciedade prolongada. Essa denominação é proveniente da sua estrutura química maior e mais complexa, cuja digestão é mais lenta devido ao tamanho da molécula quando ingerida, ocasionando um aumento gradual da glicemia. Diferentemente dos carboidratos simples, que possuem estrutura química reduzida e são absorvidos rapidamente pelo organismo, como os provenientes da sacarose, do mel, do xarope de milho, entre outros alimentos. Esses ocasionam menor saciedade, resultando em maior consumo de alimentos de forma desnecessária.

MACARRÃO FEITO COM GRÃOS INTEGRAIS

Dentro dos carboidratos complexos encontram-se os alimentos feitos com grãos integrais.

O Brasil possui alguns macarrões feitos com o grão inteiro do trigo. Estes têm o consumo indicado por muitos nutricionistas e médicos, pois possuem fibras provenientes da casca do grão.

As fibras dão maior sensação de saciedade, além de atuarem no trato gastrintestinal, servindo como substrato para a microflora naturalmente presente no intestino grosso, cuja manutenção é benéfica para a saúde.

Além disso, as fibras modulam a velocidade de digestão e absorção dos nutrientes, sendo essa ainda mais lenta do que a digestão dos produtos feitos com grãos refinados.

O uso de grãos integrais ajuda a promover um trânsito intestinal normal, auxiliando na prevenção de algumas doenças como câncer, diabetes, doença diverticular do cólon, dentre outras.

HISTÓRIA DO MACARRÃO

A palavra "macarrão" vem do grego "makària" e significa caldo de carne enriquecido por pelotinhas de farinha de trigo e por cereais.

A palavra "pasta" (massa para os italianos e a mais utilizada em vários países para se referir ao macarrão) vem do grego "pastillos".

Já os latinos da época de Cristo se deliciavam com um prato batizado de "macco", um caldo de favas e massas de trigo e água. Seguramente, a reunião dessas influências fez com que, há cerca de mil anos, surgisse na Sicília o verbo "maccari", que significa esmagar ou achatar com muita força, que por sua vez vem do grego "makar", que quer dizer sagrado.

O termo macarrão foi usado na Idade Média para indicar vários tipos de massas.

Sabe-se que o macarrão começou a ser preparado logo que o homem descobriu que podia moer alguns cereais, misturar com água e obter uma pasta cozida ou assada.

Apesar das confusões, uma coisa é certa: a partir do século XIII, os italianos foram os maiores difusores e consumidores do macarrão por todo o mundo. Tanto é que inventaram mais de quinhentas variedades de tipos e formatos. Nessa época, os italianos incorporaram ao macarrão um ingrediente nobre: a farinha de grano duro, que permite o cozimento correto, além de propiciar a mastigabilidade ideal.

Tipos e formatos

Versatilidade e universalidade são características importantes de massas alimentícias, totalmente incorporadas ao hábito alimentar do brasileiro, em todas as faixas etárias e estratificações sociais, sem rejeições de consumo.

A variedade de massas disponíveis é enorme, pois na sua manufatura são considerados os tipos e os formatos de massas.

Tipos
Massas secas

As massas secas possuem grande versatilidade e universalidade. É a massa que apresenta maior diversidade de tipos e formatos.

Outros atributos estão ligados a sua praticidade: não perecibilidade (prazo de validade longo), custo (1kg é o suficiente para alimentar 10 pessoas) e facilidade de manuseio (não requer condições especiais de estocagem) e preparo.

Entre os tipos de massas secas, os mais encontrados são:

Massa comum: elaborada na forma mais elementar, ou seja, farinha de trigo e água, resultando num produto de preço mais acessível.

Massa de sêmola: elaborada com uma farinha de trigo mais nobre, hoje denominada de farinha de trigo Tipo 1, e, portanto, um produto mais caro.

Massa com ovos: elaborada com a adição de três ovos por quilo de farinha.

Massa grano duro: é denominada assim porque é elaborada a partir de um trigo especial, chamado trigo durum. A massa do tipo grano duro fica naturalmente al dente, ou seja, soltinha, porém consistente e ideal para a boa mastigação.

Massa integral: elaborada com farinha de trigo integral, contém mais fibra em sua composição. Ideal para pessoas que necessitam aumentar a ingestão de fibras na alimentação.

Massa com vegetais: massa colorida na qual são acrescentados vegetais como beterraba, espinafre, cenoura etc.

Massa caseira: elaborada de forma artesanal por meio da qual a massa é laminada, apresentando maior porosidade e absorção do molho.

Massa de quinua: esse tipo de massa é mais recente no mercado. A quinua é um cereal qualificado pela Academia de Ciências dos Estados Unidos como o melhor alimento de origem vegetal para consumo humano. Também é selecionada pela Nasa para integrar a dieta dos astronautas, por seu extraordinário valor nutritivo. Pesquisadores comparam o valor nutritivo da quinua ao do leite materno.

Massas instantâneas

Macarrão instantâneo é um tipo de macarrão pré-cozido, que possui um pouco de óleo, a ser preparado apenas com a adição de água fervente. Cozinha rapidamente pelo fato de ser pré-cozido. No seu processo de fabricação, é cozido e, em seguida, perde a água em um processo de fritura. Por isso, chega à sua panela semipronto e só precisa de três minutos para poder ser consumido.

Massas frescas

A massa fresca é feita com ovos e farinha de trigo. Ela é elaborada com semolina de trigo, a parte mais nobre do trigo, que deixa a massa muito mais leve, macia, mas também al dente.

Normalmente, as massas frescas são produzidas através do processo de laminação. Em seguida, passam por um processo de pasteurização ou de cozimento. A partir daí, as massas são submetidas a um processo parcial de secagem para retirar o excesso de água absorvido na fase anterior.

As massas frescas são em geral comercializadas sob refrigeração. Outra alternativa é a utilização de embalagens especiais contendo uma atmosfera de nitrogênio e gás carbônico, sendo esta submetida posteriormente a um processo de esterilização. A umidade máxima é de 35% (contra uma umidade máxima de 13% das massas secas). Esse maior teor de água é que determina o período menor de validade, pois a maior umidade faz com que as mesmas fiquem sujeitas ao desenvolvimento de micro-organismos.

Há muitas opções de massas frescas, com ou sem recheio. Elas são muito usadas para fazer ravióli, cappelletti, tagliatelle e massa para lasanha.

Massas pré-cozidas

Temos também as massas pré-cozidas, que recebem esta denominação porque passam por um processo de cozimento no vapor ou em um tacho com água fervente, de modo que grande parte do amido (cerca de 90%) se gelatinize. Essa etapa dura de 40 a 90 segundos. Posteriormente, a massa pré-cozida passa pelo processo de secagem. A vantagem da massa pré-cozida é a rapidez de seu preparo, pois só precisa ser reidratada para ser consumida. Os formatos pré-cozidos mais comuns são a lasanha e as massas curtas.

FORMATOS

Há uma grande variedade de formatos e aplicações do macarrão. É lógico que existem indicações específicas para cada tipo de prato, porém o gosto de cada um deve prevalecer sobre as normas técnicas, afinal, a culinária é um eterno exercício de se encontrar o melhor sabor, aliado à melhor apresentação.

Massas para sopas
   Argolinha
   Ave-maria
   Caracol
   Conchinha
   Corneto míni
   Estrelinhas
   Fideli
   Letrinhas
   Pai-nosso

Massas curtas
   Caracol (caramujo)
   Conchiglia (concha média)
   Conchiglione (concha grande)
   Serpentini (espiral)

Farfalle (gravata)
Fusili (parafuso com duas estrias)
Fusili míni (parafuso míni)
Tricolore (fusili com vegetais)
Gnocchi (nhoque)
Penne
Rigatoni
Tortiglione
Tubete
Torssaidi

Massas longas
Bavette
Aletria (cabelo de anjo)
Espaguete (que variam do número 8 ao 10)
Fettuccine
Fidelini
Linguine (bavette fino)
Ninho (que varia do número 1 ao 3)
Pappardelle
Talharim

Massas de outros formatos
Agnoloti
Canelone
Cappelletti
Lasanha
Macarrão instantâneo
Ravióli
Ravioloni
Rondele
Tortelone

Importante: a consistência da massa dependerá mais do tipo de macarrão do que do formato. Um tipo que está sempre al dente após o cozimento é o grano duro, elaborado a partir de farinha de trigo grano duro (com o qual se fabricam os macarrões italianos). O macarrão de sêmola, por sua vez, é feito a partir de trigo tenro (mais macio) e, por isso mesmo, só ficará al dente de acordo com o tempo de cozimento. É importante destacar que esses dois tipos não possuem colesterol porque não levam ovos em suas composições.

À MESA

Quando for comer pratos com massas longas (como espaguete), comece a enrolar a massa pela borda do prato, para evitar uma garfada grande demais.

Nunca, em hipótese nenhuma, corte o macarrão. Ele se ofende! Os italianos dizem: "Faça uma massa curta, assim você não precisa cortar as longas". Além disso, é mais difícil comer uma massa longa que foi cortada.

No caso de estar comendo massas longas, se sobrar um fiozinho para fora da boca, corte-o com os dentes, deixando-o cair no prato.

Não tenha medo de passar o pão para recolher o molho que sobrou no fundo do prato. É sinal de que estava gostoso e soa como um elogio ao cozinheiro. Mas a boa etiqueta sugere que se faça com o pão preso a um garfo e não segurando-o com a mão.

TABELA DE MEDIDAS CASEIRAS

Algumas dicas para se conhecer medidas sem a utilização de balança:

01 copo americano	250ml
04 copos americanos	1 litro
01 xícara de chá	100g
01 xícara de café	50g
01 colher de sopa	20g
01 colher de sobremesa	15g
01 colher de chá	10g
01 colher de café	05g
01 copo americano de açúcar	140g
01 copo americano de feijão	100g
01 copo americano de arroz	130g
01 copo americano de óleo	120ml
01 copo americano de leite em pó	90g
01 copo americano de macarrão	100g
01 xícara de chá de farinha de trigo	120g
01 xícara de chá de amido de milho	110g
01 xícara de chá de açúcar	130g
01 xícara de chá de leite em pó	60g
01 xícara de chá de leite	200ml
01 xícara de chá de farinha de mandioca	100g
01 xícara de chá de soja texturizada	50g
01 xícara de chá de coco ralado	88g
01 xícara de chá de milho de canjica	134g
01 xícara de chá de queijo ralado	125g
01 xícara de chá de margarina	140g
01 xícara de chá de fubá de milho	100g
01 xícara de chá de arroz cru	140g

01 xícara de chá de beterraba crua	100g
01 colher de sopa de chuchu	20g
01 colher de sopa de vagem	15g
01 colher de sopa de mandioca	35g
01 colher de sopa de abobrinha	16g
01 colher de sopa de moranga	25g
01 colher de sopa de cenoura	17g
01 colher de sopa de cebola	19g
01 colher de sopa de salsa	6g
01 colher de sopa de cebolinha	6g
01 colher de sopa de mamão	37g
01 colher de sopa de açúcar	30g
01 colher de sopa de amido de milho	25g
01 colher de sopa de farinha	25g
01 colher de sopa de margarina	30g
01 colher de sopa de manteiga	10g
01 colher de sopa de milho	25g
01 colher de sopa de soja cozida	30g
01 colher de sopa de extrato	20g
01 colher de sopa de polvilho	10g
01 colher de sopa de óleo vegetal	15g
01 colher de sopa de mel	25g
01 colher de sopa de melado	25g
01 colher de sopa de pimentão picado	20g
01 colher de sopa de fubá de milho	10g
01 colher de sopa de leite em pó	10g
01 colher de sopa de canela	6g
01 colher de sopa de colorau	5g
01 colher de sopa de achocolatado	15g
01 colher de sopa de tomate picado	10g
01 colher de sobremesa de maionese	15g
01 colher de chá de farinha de mandioca	3g

01 colher de chá (rasa) de sal	5g
01 prato de couve-flor	200g
01 prato de repolho	100g
01 molho de cebolinha	57g
01 molho de couve	240
01 molho de coentro	150
01 unidade de ovo	50g
01 pé de alface	150g
01 repolho	750g
01 tomate	65g

MOLHOS BASE

MOLHO BRANCO

INGREDIENTES
4 colheres (sopa) de margarina light
4 colheres (sopa) de farinha de trigo
1 litro de leite desnatado
Sal light
Pimenta-do-reino branca, cravo, cebola

MODO DE PREPARO
1. Coloque o leite para aquecer com cravos grudados numa cebola grande.
2. Numa panela, derreta a margarina em fogo baixo.
3. Junte a farinha e cozinhe por 1 minuto, mexendo sempre.
4. Retire a panela do fogo e junte o leite aos poucos (retirando a cebola e os cravos), mexendo sempre.
5. Deixe ferver lentamente, mexendo ou batendo, e continue a cozinhar até a mistura engrossar.
6. Cozinhe suavemente por 3 minutos. Retire a panela do fogo e tempere com sal light e pimenta-do-reino branca.

RENDIMENTO: 1 litro
CALORIAS POR COLHER DE SOPA: 16kcal

MOLHO VERMELHO

INGREDIENTES
1 cebola pequena
2 dentes de alho
1g de sal light
1 colher (sopa) de óleo vegetal
Orégano a gosto
Manjerona a gosto
Sálvia a gosto
5 colheres (sopa) de molho de tomate
3 colheres (sopa) de extrato de tomate
5kg de tomate para molho
Alecrim, tomilho, louro e molho de pimenta vermelha a gosto

MODO DE PREPARO
1. Pique a cebola e o alho em cubinhos. Refogue com o óleo.
2. Acrescente o alecrim, o tomilho, o alho, o orégano, a manjerona, a sálvia, o louro e molho de pimenta vermelha.
3. Acrescente o extrato de tomate e deixe cozinhar por alguns minutos.
4. Após, acrescente os tomates inteiros (sem a tampa) e deixe cozinhar com a panela tampada até que eles se desmanchem.
5. Deixe esfriar e bata no liquidificador.

RENDIMENTO: 1 litro
CALORIAS POR COLHER DE SOPA: 12kcal

MOLHO AGRIDOCE

INGREDIENTES
1 xícara de erva-cidreira (50g)
1 xícara de caldo de legumes (1 cubo diluído em 250ml de água quente)
2 caixas de creme de leite light (400g)
1 colher (chá) de raspas de limão (5g)
1 colher (sopa) de amido de milho (20g)
1g de sal light
1 colher (chá) de pimenta-do-reino branca moída

MODO DE PREPARO
1. Ferva 1 litro de água para fazer o chá de erva-cidreira e deixe-o bem forte. Peneire o amido de milho e leve ao fogo baixo.
2. Acrescente o caldo de legumes, mexendo sempre. Cozinhe por 3 minutos. Acrescente a pimenta, as raspinhas de limão e o creme de leite. Corrija o sal.
3. Cozinhe por mais 10 minutos, sempre mexendo.
4. Sirva sobre frangos e/ou peixes grelhados.

RENDIMENTO: 1 litro
CALORIAS POR COLHER DE SOPA: 10kcal

MASSAS COM CARNE

RAVIÓLI AO MOLHO DE CORDEIRO

A carne de cordeiro é rica em vitaminas do complexo B, ferro e fósforo.

INGREDIENTES
400g de massa ravióli recheada com espinafre
10ml de azeite de oliva extravirgem
1 molho de alecrim (50g)
2g sal light
Pimenta-do-reino a gosto
300g de pernil de cordeiro
10g de alho picadinho
20g de cebola picadinha
30g de cenoura picadinha
30g de aipo picadinho
100ml de vinho tinto seco
2 sachês de caldo de carne 0% gordura

MODO DE PREPARO
1. Corte o pernil de cordeiro em cubos. Tempere com sal light, pimenta e alecrim.
2. Em uma panela, refogue no azeite de oliva o alho, a cebola, a cenoura e o aipo.
3. Acrescente o cordeiro e refogue bem.
4. Dilua os sachês de caldo de carne 0% gordura em 1 litro de água morna.
5. Coloque o vinho tinto, deixe secar e aos poucos coloque o caldo de carne.
6. Cozinhe lentamente.
7. Cozinhe em água quente os raviólis.

8. Disponha os raviólis cozidos num refratário e regue com o cordeiro por cima.
9. Decore com ramo de alecrim.

Rendimento: 6 porções

INFORMAÇÃO NUTRICIONAL		
Porção de 250g – 1 prato 250g		
	Qtde	VD(*)
Valor energético	373kcal – 1562kJ	19
Carboidratos	39g	13
Proteínas	19g	25
Gorduras totais	16g	29
Gorduras saturadas	5,5g	25
Gorduras trans	Zero	0
Fibra alimentar	3,7g	15
Sódio	485mg	20

ESPAGUETE COM ALMÔNDEGAS

Prato energético, equilibrado entre carboidratos e proteínas. Ótima opção para o almoço.

Ingredientes do molho

2 colheres (sopa) de óleo de oliva extravirgem (20ml)
1 colher (chá) de manjericão (5g)
1 colher (chá) de orégano fresco (5g)
2 dentes de alho amassados (6g)
800g de tomates maduros

---

* Todos os valores diários indicados nas tabelas são porcentagens com base em uma dieta de 2.000Kcal ou 8.400kJ. Seus valores diários podem ser maiores ou menores dependendo de suas necessidades energéticas.

1 cebola média picada (60g)
1g de sal light
Pimenta-do-reino a gosto
1 folha de louro
1 pacote spaghetti grano duro
½ pacote parmesão light

Modo de preparo

1. Aqueça o óleo numa panela em fogo baixo para dourar lentamente a cebola e o alho.
2. Passe os tomates pela peneira e junte na panela. Acrescente os ingredientes restantes.
3. Deixe ferver em fogo lento, com a panela destampada, por 30 minutos.

Ingredientes das almôndegas

400g de carne moída magra
2 colheres (sopa) de óleo de oliva (20ml)
1 cebola pequena picada miudinha (40g)
Salsa picada a gosto
1 colher de leite desnatado (10 ml)
1 fatia de pão integral esmigalhado (30g)
1g de sal light
Pimenta-do-reino
2 folhas de manjericão
1 ovo batido
100g de proteína texturizada de soja

Modo de preparo

1. Deixe a PTS – proteína texturizada de soja – de molho em água morna com gotas de limão por 1 hora.

2. Passado esse tempo, esprema bem a PTS e misture à carne moída, juntando também as migalhas de pão e a salsa. Misture bem.
3. Adicione o ovo misturado no leite com sal, pimenta e manjericão. Forme bolinhas pequenas.
4. Coloque as almôndegas no molho, tampe a panela e cozinhe por 30 minutos. Não mexa, assim elas cozinham direto no molho e não quebram.
5. Cozinhe o espaguete até ficar al dente.
6. Misture com o molho e salpique com o queijo.

Rendimento: 6 porções

INFORMAÇÃO NUTRICIONAL		
Porção de 300g – 1 prato 300g		
	Qtde	VD(*)
Valor energético	272kcal – 1138kJ	14
Carboidratos	14g	5
Proteínas	25g	33
Gorduras totais	13g	24
Gorduras saturadas	2,7g	12
Gorduras trans	Zero	0
Fibra alimentar	4,9g	20
Sódio	104mg	4

ESPAGUETE COM RAGU DE PEITO DE PERU

Prato energético, com fonte de fibras e vitaminas do complexo B.

Ingredientes
300g de espaguete grano duro
1 sachê de caldo de carne 0% gordura

½ xícara de vinho branco (100ml)
2 colheres (sopa) de azeite de oliva extravirgem (20ml)
1 cebola pequena picada miudinha (60g)
1 cenoura média picada em pedaços pequenos (80g)
250g de peito de peru
2 talos médios de salsão (25g)
1g de sal light
Pimenta-do-reino
1 alho-poró médio (80g)
4 ramos de tomilho (20g)
6 folhas de sálvia (2g)

MODO DE PREPARO
1. Cozinhe o espaguete até ficar al dente. Dilua o sachê de caldo de carne em 1 litro de água morna.
2. Para o ragu, pique o peito de peru em cubinhos.
3. Lave o alho-poró e o salsão, desprezando as folhas, e pique em rodelas finas. Lave o tomilho e a sálvia, preservando somente as folhas, e pique-as bem miudinhas.
4. Aqueça o azeite numa panela e doure a carne. Junte a cebola, a cenoura, o salsão e o alho-poró. Refogue, mexendo de vez em quando, por 5 minutos ou até que os legumes fiquem crocantes. Adicione as ervas, o vinho, o sal e a pimenta-do-reino e cozinhe até o volume reduzir pela metade.
5. Junte o caldo de carne e reduza o fogo. Tampe a panela e deixe cozinhar, mexendo de vez

em quando até obter um ragu consistente. Se necessário, acerte com o sal light.
6. Cubra o espaguete com o ragu. Sirva decorado com tomilho.

Rendimento: 4 porções

INFORMAÇÃO NUTRICIONAL		
Porção de 250g – 1 prato 250g		
	Qtde	VD(*)
Valor energético	387kcal – 1620kJ	19
Carboidratos	59g	20
Proteínas	21g	28
Gorduras totais	7,5g	14
Gorduras saturadas	1,4g	6
Gorduras trans	Zero	0
Fibra alimentar	4,4g	18
Sódio	864mg	36

FETTUCCINE AO FUNGHI COM ESCALOPES DE FILÉ

Receita rica em ferro heme, que previne anemia. Equilibrada em carboidratos e proteínas. Ótima opção para almoço.

Ingredientes
500g de fettuccine grano duro
500g de filé mignon
50g gramas de funghi seco
200g de molho demi-glace pronto
100ml de creme de leite light

50g de margarina light sem sal
Salsinha e cebolinha a gosto
1g de sal light
Pimenta a gosto moída na hora
40g de queijo parmesão light ralado

Modo de preparo

1. Retire a gordura aparente do filé mignon e corte-o em escalopes (pequenos pedaços arredondados em formato de bifes).
2. Tempere os escalopes com o sal light e leve-os para grelhar.
3. Refogue os cogumelos na margarina light. Reserve.
4. Coloque o molho demi-glace para aquecer (é um molho base encontrado em casas de importados e supermercados), acrescente os cogumelos já refogados na manteiga e depois o creme de leite light.
5. Deixe a mistura engrossar em fogo baixo, tempere com sal light (se necessário) e pimenta a gosto.
6. Desligue e acrescente a salsinha e a cebolinha.
7. Num refratário, coloque os escalopes. Sobre eles, coloque o fettuccine cozido e cubra com o molho de funghi.
8. Salpique o parmesão ralado.

Rendimento: 8 porções

INFORMAÇÃO NUTRICIONAL		
Porção de 250g – 1 prato 250g		
	Qtde	VD(*)
Valor energético	465kcal – 1946kJ	23
Carboidratos	44g	15
Proteínas	20g	26
Gorduras totais	23g	42
Gorduras saturadas	7,7g	35
Gorduras trans	Zero	0
Fibra alimentar	1,9g	8
Sódio	175mg	7

FUSILI COM SALMÃO

O salmão é conhecido por ser rico em ômega 3, gordura que previne doenças cardiovasculares.

INGREDIENTES DO MOLHO
1 xícara de vinho branco seco (100ml)
300ml de xícara de suco de limão siciliano (2 copos cheios)
1 colher (chá) de alho amassado (6g)
3 colheres (sopa) de tahine (pasta de gergelim) (50g)
3 colheres (sopa) de gergelim tostado (15g)

INGREDIENTES DA MASSA
500g de fusili grano duro (1 pacote)
2 colheres (sopa) de azeite de oliva extravirgem (20ml)
1 xícara de pimentão vermelho cortado em tiras finas (50g)

20g de endro fresco cortado miúdo
400g de salmão defumado cortado em tirinhas finas

Modo de preparo

1. Coloque o fusili para ferver até ficar al dente.
2. Em uma vasilha grande, misture todos os ingredientes do molho com um batedor manual. Mexa bem até que o tahine dissolva completamente.
3. Aqueça uma frigideira média em fogo alto. Coloque o azeite e o pimentão. Refogue ligeiramente para que o pimentão mantenha sua cor. Retire da frigideira e coloque dentro do molho, assim como o salmão e o endro.
4. Cubra o fusili com o molho.
5. Deixe na geladeira em um vasilhame tampado por pelo menos 30 minutos antes de servir.

Rendimento: 6 porções

INFORMAÇÃO NUTRICIONAL		
Porção de 250g – 1 prato 250g		
	Qtde	VD(*)
Valor energético	341kcal – 1428kJ	17
Carboidratos	48g	16
Proteínas	18g	24
Gorduras totais	8,9g	16
Gorduras saturadas	1,4g	6
Gorduras trans	Zero	0
Fibra alimentar	2,0g	8
Sódio	52mg	2

PAPPARDELLE DA CALÁBRIA

A abobrinha italiana é rica em fibras, que aumentam a saciedade e auxiliam na motilidade intestinal. Além disso, é fonte de vitamina A, C e ácido fólico.

INGREDIENTES
400g de massa pappardelle grano duro
150g de lombinho defumado fatiado
1 cenoura cortada em cubos
1 abobrinha italiana cortada em cubos
100g de cogumelos shitake
100g de cogumelos paris
4 xícaras de molho de tomate (p. 28)
½ cebola picada
2 taças de vinho tinto
1 pitada de páprica
1 colher (sopa) de azeite de oliva extravirgem
Sal light a gosto
Pimenta branca a gosto

MODO DE PREPARO
1. Cozinhe as rodelas de lombinho em vinho tinto. Reserve.
2. Refogue a cebola no azeite de oliva e na sequência acrescente os cogumelos fatiados. Reserve.
3. Cozinhe os cubos de cenoura em água fervente. Reserve.
4. Numa mesma frigideira, junte o molho de tomate, os cubos de cenoura e abobrinha (esses

ainda crocantes), os cogumelos e o lombinho. Corrija o tempero (sal light e pimenta).
5. Cozinhe a massa em abundante água fervente. Assim que estiver no ponto desejado, despeje no molho, mexa bem e sirva.

Rendimento: 6 porções

INFORMAÇÃO NUTRICIONAL		
Porção de 250g – 1 prato 250g		
	Qtde	VD(*)
Valor energético	387kcal – 1618kJ	19
Carboidratos	63g	21
Proteínas	19g	26
Gorduras totais	6,4g	12
Gorduras saturadas	1,9g	9
Gorduras trans	Zero	0
Fibra alimentar	5,1g	20
Sódio	543mg	23

PAPPARDELLE COM COELHO

A carne de coelho é uma opção saudável, pois é pobre em colesterol e gorduras.

Ingredientes
2 punhados de tomilho fresco
Sal light a gosto
Pimenta-do-reino moída na hora
1 colher (sopa) de azeite de oliva extravirgem
Casca de 2 limões
4 pernas de coelho

1 dente de alho picado bem fino
1 cebola roxa pequena, descascada e picada bem fina
3 taças de vinho branco
1 lata de creme de leite light
300g de massa tipo pappardelle grano duro
½ xícara de queijo parmesão light ralado

Modo de preparo

1. Esmague o tomilho e adicione uma pitada de sal e pimenta.
2. Amasse com 2 fios de óleo de oliva e a casca de limão. Esfregue essa mistura nas pernas do coelho e deixe reservado por 1 hora.
3. Em uma panela quente, que tenha tampa bem ajustada, doure o coelho levemente.
4. Então, acrescente o alho e a cebola e continue a cozinhar até ficar ligeiramente macio.
5. Adicione o vinho branco, coloque a tampa e cozinhe em fogo brando lentamente até ficar tenro, por cerca de 1 hora.
6. Cheque regularmente para que o líquido na panela não seque (adicionando um pouco de água se necessário).
7. Quando o coelho estiver cozido, deixe esfriar um pouco e então use dois garfos para remover toda a carne dos ossos.
8. Coloque a carne de volta na panela com o caldo do cozimento, acrescente o creme de leite e reaqueça.
9. Cozinhe o pappardelle em água fervente até ficar al dente.

10. Escorra a massa e misture com o molho cremoso de carne.
11. Retire do fogo, ajuste o tempero e adicione o parmesão. Misture novamente e sirva.

RENDIMENTO: 6 porções

INFORMAÇÃO NUTRICIONAL		
Porção de 300g – 1 prato 300g		
	Qtde	VD(*)
Valor energético	394kcal – 1648kJ	20
Carboidratos	44g	15
Proteínas	21g	28
Gorduras totais	15g	27
Gorduras saturadas	6,8g	31
Gorduras trans	Zero	0
Fibra alimentar	1,5g	6
Sódio	199mg	8

LASANHA DE FRANGO

O frango é considerado uma carne saudável por ter pouca gordura e pouco colesterol (principalmente o peito) e, ao contrário de mitos, não possui hormônios.

INGREDIENTES
1 peito de frango sem pele
500g de queijo mussarela fatiado
1 pacote médio de massa para lasanha
1 copo de requeijão light (200g)
2 sachês de caldo de galinha 0% gordura

1 caixa de creme de leite light
2 colheres (sopa) de farinha (40g)
1 litro de leite desnatado
3 colheres (sopa) de margarina light sem sal (30g)
1 cebola média (70g)
50g de queijo parmesão light ralado (1 pacotinho)
½ litro de molho branco base

MODO DE PREPARO

1. Retire do fogo e acrescente o creme de leite light. Reserve.
2. Cozinhe o peito de frango em água sem óleo. Depois, desfie-o.
3. Pique a cebola em pedaços pequenos, coloque-a em uma panela e doure com a outra colher de margarina light. Acrescente o frango e o caldo de galinha. Adicione um pouquinho de água para ficar molhadinho.
4. Monte a lasanha, cobrindo o refratário com um pouquinho do molho bechamel, e por último termine com o requeijão light.
5. Salpique o queijo parmesão ralado light.
6. Leve ao forno médio até dourar.

RENDIMENTO: 10 porções

INFORMAÇÃO NUTRICIONAL		
Porção de 300g – 1 prato 300g		
	Qtde	VD(*)
Valor energético	389kcal – 1626kJ	19
Carboidratos	25g	8
Proteínas	31g	42
Gorduras totais	18g	33
Gorduras saturadas	8,8g	40
Gorduras trans	Zero	0
Fibra alimentar	0,51g	2
Sódio	652mg	27

LASANHA DE SALMÃO AO MOLHO DE CIDREIRA

A erva-cidreira é um calmante natural e tem função digestiva, analgésica e antiespasmódica.

INGREDIENTES
1 pacote de massa para lasanha fresca (500g)
500g de salmão fresco
250g de ricota light
2 colheres (sopa) de mostarda dijon (20g)
3 dentes de alho (10g)
½ xícara de dill seco (50ml)
1 caixinha de creme de leite light (200g)
1g de sal light
Pimenta-do-reino branca a gosto moída na hora
1 colher (sopa) de azeite de oliva extravirgem (10ml)
Pimenta rosa a gosto para decorar
2 colheres (sopa) de wasabi em pó (10g)

Modo de preparo

1. Coloque o salmão, a ricota, a mostarda, o alho, o dill, o wasabi, a pimenta-do-reino, o sal e o creme de leite num processador de alimentos, leve à panela com o azeite. Bata por pouco tempo para não ficar muito líquido. Reserve.
2. Faça o molho agridoce base (p. 29)
3. Num refratário retangular de vidro, comece a montagem. Coloque uma camada fina de molho e cubra com uma camada grossa de massa. Em seguida, cubra com o recheio de salmão. Mais uma camada de massa e de molho. Sempre espalhando bem com uma colher. Repita essa sequência até acabarem os ingredientes. Deixe que a última camada seja de molho.
4. Enfeite com pimenta rosa.
5. Leve ao forno a 180°C (preaquecido por 20 minutos).
6. Sirva em seguida.

Rendimento: 4 porções

INFORMAÇÃO NUTRICIONAL		
Porção de 300g – 1 prato 300g		
	Qtde	VD(*)
Valor energético	399kcal – 1670kJ	20
Carboidratos	41g	14
Proteínas	25g	33
Gorduras totais	15g	27
Gorduras saturadas	5,4g	25
Gorduras trans	Zero	0
Fibra alimentar	Zero	0
Sódio	195mg	8

LINGUINE COM PERU DEFUMADO

Prato rico em energia, ideal para repor glicogênio muscular após a atividade física.

INGREDIENTES
500g de macarrão tipo linguine grano duro
1 colher (sopa) de óleo de oliva extravirgem (10ml)
200g de peito de peru defumado fatiado
1 dente de alho picado
Pimenta chilli a gosto
100g de amêndoas
2 taças de vinho branco (200ml)
Salsa picada a gosto
1g de sal light
Pimenta-do-reino moída na hora a gosto

MODO DE PREPARO
1. Cozinhe o linguine até ficar al dente.
2. Enquanto isso, esquente uma panela e coloque o azeite de oliva e o peito de peru. Doure. Adicione o alho e as pimentas.
3. Deixe ficar um pouco macio e acrescente as amêndoas. Misture.
4. Coloque o vinho branco. Tampe a panela e deixe cozinhar por mais 2 minutos, ou até que as amêndoas se abram.
5. Retire do fogo e adicione o linguine já escorrido.
6. Misture com a salsa, ajuste o tempero e sirva com todo o suco do cozimento.

Rendimento: 6 porções

INFORMAÇÃO NUTRICIONAL		
Porção de 300g – 1 prato 300g		
	Qtde	VD(*)
Valor energético	369kcal – 1542kJ	18
Carboidratos	51g	17
Proteínas	17g	23
Gorduras totais	11g	19
Gorduras saturadas	1,2g	5
Gorduras trans	Zero	0
Fibra alimentar	4,3g	17
Sódio	249mg	10

LINGUINE AO MOLHO DE ANCHOVAS E SALMÃO

O funcho é pobre em gorduras e contém beta-caroteno e vitamina C. É diurético e ameniza os gases intestinais.

Ingredientes

1 colher (sopa) de azeite de oliva extravirgem
1 dente de alho ralado ou picado
1 bulbo de funcho (despreze as folhas)
1 lata de anchovas
½ cebola roxa
1 pitada de sal light
1 filé de salmão com pele, sem escamas e sem espinhas (200g)
Raspas de 1 limão
1 xícara de vinho branco seco

Suco de ½ limão
Pimenta-do-reino moída na hora a gosto
1 pimenta chilli vermelha picada, sem as sementes
300g de macarrão tipo linguine grano duro (250g)

Modo de preparo

1. Ponha o azeite numa frigideira preaquecida de borda alta e fundo grosso.
2. Adicione o alho e o funcho e refogue-os até amolecerem.
3. Junte as anchovas e a cebola roxa. Refogue rapidamente, sem deixar dourar.
4. Adicione sal e coloque os filés de salmão com a pele virada para cima.
5. Salpique as raspas de limão e jogue um pouco de vinho branco para começar a cozinhar.
6. Coloque um fio de azeite, pimenta-do-reino e pimenta chilli.
7. Diminua o fogo e junte o suco de ½ limão e algumas folhas do funcho.
8. Enquanto isso, cozinhe o linguine até ficar al dente.
9. Misture o linguine e o molho, prove o tempero e sirva com um fio de azeite e mais algumas folhas de funcho por cima.

Rendimento: 6 porções

INFORMAÇÃO NUTRICIONAL		
Porção de 250g – 1 prato 250g		
	Qtde	VD(*)
Valor energético	380kcal – 1588kJ	19
Carboidratos	38g	13
Proteínas	19g	25
Gorduras totais	17g	31
Gorduras saturadas	1,0g	5
Gorduras trans	Zero	0
Fibra alimentar	1,8g	7
Sódio	40mg	2

ESPAGUETE COM FRUTOS DO MAR

A lula é um fruto do mar rico em cromo. É chamado de amigo da balança, pois participa da digestão de carboidratos e gorduras.

INGREDIENTES

500g de espaguete grano duro
300g de camarões gigantes
300g de lulas
100g de mariscos sem concha
2 colheres (sopa) de azeite de oliva extravirgem
3 dentes de alho
2 colheres (sopa) de cebola picada
1 colher (sopa) de manjericão
400g de tomates sem pele
Pimenta dedo-de-moça a gosto
Sal light
Pimenta-do-reino

MODO DE PREPARO

1. Leve o espaguete para ferver até ficar al dente.
2. Enquanto isso, numa frigideira funda, adicione o azeite de oliva, o camarão, as lulas, os mariscos, o alho e a cebola. Refogue bem.
3. Acrescente os tomates.
4. Tempere com a pimenta dedo-de-moça, a pimenta-do-reino e o sal light.
5. Deixe cozinhar até que os tomates se desmanchem.
6. Desligue o fogo e acrescente o manjericão.

RENDIMENTO: 6 porções

INFORMAÇÃO NUTRICIONAL		
Porção de 300g – 1 prato 300g		
	Qtde	VD(*)
Valor energético	364kcal – 1525kJ	18
Carboidratos	54g	18
Proteínas	26g	34
Gorduras totais	5,2g	9
Gorduras saturadas	0,79g	4
Gorduras trans	Zero	0
Fibra alimentar	3,0g	12
Sódio	156mg	7

SALADA TORTIGLIONE COM ATUM

O atum é um dos alimentos mais completos por ser uma excelente fonte de proteínas, vitaminas e minerais, com a vantagem de ser um pescado com poucas gorduras saturadas e com uma alta concentração de ômega 3. É rico em ácidos graxos insaturados, que desempenham um bom trabalho na prevenção de enfermidades cardiovasculares. As vitaminas (A, D e Niacina) e os minerais (fósforo, potássio, sódio, magnésio e ferro) cumprem a função de manter o equilíbrio do nosso corpo.

INGREDIENTES PARA O MOLHO
2 colheres (sopa) de suco de limão
2 colheres (sopa) de azeite de oliva extravirgem
½ colher (sopa) de sal light

INGREDIENTES PARA A SALADA
500g de massa tortiglione ou farfalle grano duro
2 latas de atum light (em água)
1 xícara de salsa picada
½ xícara de azeitona preta inteira
1 cebola roxa cortada em tirinhas finas

MODO DE PREPARO
1. Em uma bacia pequena, junte os ingredientes do molho e misture bem com um batedor manual.
2. Adicione a cebola roxa, a salsa, a azeitona e o atum, misturando com cuidado para não desmanchar muito o atum.
3. Na hora de servir, cozinhe a massa al dente. Escorra e misture numa bacia grande ao molho.
4. Deixe esfriar na geladeira por alguns minutos.
5. Decore com a salsa. Sirva.

RENDIMENTO: 6 porções

INFORMAÇÃO NUTRICIONAL		
Porção de 300g – 1 prato 300g		
	Qtde	VD(*)
Valor energético	382kcal – 1597kJ	19
Carboidratos	56g	19
Proteínas	24g	32
Gorduras totais	6,8g	12
Gorduras saturadas	0,74g	3
Gorduras trans	Zero	0
Fibra alimentar	3,0g	12
Sódio	198mg	8

TALHARIM AO AÇAFRÃO E FRUTOS DO MAR

Receita rica em antioxidantes. Possui também a energia do carboidrato e as proteínas dos frutos do mar.

INGREDIENTES

1 pitada de açafrão
1 taça de vinho branco seco
1 pacote de talharim grano duro
1 colher (sopa) de azeite de oliva extravirgem
1 dente de alho grande, picado bem fino
700g de frutos do mar diversos (salmonete, camarão, lula, mexilhão)
1 lata de creme de leite light
1g de sal light
Pimenta-do-reino moída na hora a gosto
Folhas de funcho (erva-doce), salsa ou endro picadas, para decorar

MODO DE PREPARO

1. Encharque o açafrão no vinho branco.
2. Cozinhe o talharim em água fervente até ficar al dente.
3. Coloque o alho com um pouco de azeite de oliva extravirgem em uma frigideira e refogue até ficar macio.
4. Adicione os frutos do mar, sacuda a frigideira e derrame a mistura de vinho branco e açafrão.
5. Cozinhe em fogo brando por 3 a 4 minutos.
6. Adicione o creme de leite light. Tempere a gosto.
7. Misture o talharim ao molho e sirva salpicado com algumas folhas de funcho (erva-doce), salsa ou endro picadas.

RENDIMENTO: 6 porções

INFORMAÇÃO NUTRICIONAL		
Porção de 300g – 1 prato 300g		
	Qtde	VD(*)
Valor energético	391kcal – 1637KJ	20
Carboidratos	41g	14
Proteínas	25g	33
Gorduras totais	14g	26
Gorduras saturadas	5,3g	24
Gorduras trans	Zero	0
Fibra alimentar	1,7g	7
Sódio	383mg	16

TALHARIM AOS CAMARÕES PETIT-POIS

O alho é considerado um alimento funcional, pois auxilia na diminuição da pressão sanguínea e possui substâncias anticancerígenas e bactericidas.

INGREDIENTES
200g de camarão gigante
200g de talharim integral grano duro
1 colher (chá) de açafrão moído
4 colheres (sopa) de creme de leite light
2 dentes de alho picados
1 sachê de caldo de legumes 0% de gordura
3 colheres (sopa) de conhaque
3 colheres (sopa) de peito de peru defumado em cubinhos
1g de sal light
Pimenta-do-reino a gosto moída na hora
1 colher (sopa) de azeite de oliva extravirgem
Manjerona para decorar
3 colheres (sopa) de ervilhas naturais (congeladas)

MODO DE PREPARO
1. Desmanche o sachê de caldo de legumes em 250ml de água morna.
2. Cozinhe as ervilhas nesse caldo dissolvido por 10 minutos.
3. Bata no liquidificador. Coe numa peneira fina.
4. Despeje o líquido na panela novamente. Deixe ferver em fogo baixo até reduzir pela metade. Acerte com sal light e pimenta. Reserve.

5. Em uma frigideira, doure o peito de peru defumado no azeite de oliva e junte as ervilhas cozidas. Coloque pimenta a gosto. Reserve.
6. Numa frigideira, doure o alho picado. Acrescente os camarões e o açafrão moído.
7. Flambe com o conhaque e deixe evaporar. Acrescente o creme de leite e cozinhe por 3 minutos. Reserve.
8. Cozinhe a massa até ficar al dente. Escorra-a, coloque-a na frigideira com o molho de camarão. Aqueça bem.
9. Coloque sobre ela as ervilhas com o peito de peru defumado.
10. Na hora de servir, coloque um pouco do purê de ervilha no centro do prato e uma porção da massa sobre o purê.
11. Coloque os camarões e decore com manjerona fresca.
12. Sirva em seguida.

Rendimento: 3 porções

INFORMAÇÃO NUTRICIONAL		
Porção de 300g – 1 prato 300g		
	Qtde	VD(*)
Valor energético	384kcal – 1609KJ	19
Carboidratos	50g	17
Proteínas	25g	33
Gorduras totais	9,4g	17
Gorduras saturadas	3,6g	16
Gorduras trans	Zero	0
Fibra alimentar	6,2g	25
Sódio	550mg	23

ESPAGUETE DE ABOBRINHAS À BOLONHESA

O tomilho é rico em vitamina K, ferro, magnésio, cálcio e fibras, que ajudam em problemas respiratórios. As suas vitaminas e minerais são o betacaroteno, os flavanoides, o cálcio e o manganês.

INGREDIENTES
1kg de abobrinhas compridas
160g de fígado de galinha
100g de champignon
2 fatias de chester defumado
150g de carne moída magra
300g de molho de tomate ao manjericão
3 colheres (sopa) de azeite de oliva extravirgem
1 cebola
Tomilho, louro, pimenta-do-reino e manjericão a gosto
2g de sal light

MODO DE PREPARO
1. Lave as abobrinhas. Corte como espaguete. Corte primeiro em fatias ao comprido, depois em palitos finos.
2. Cozinhe as abobrinhas em água fervendo salgada com o sal light, com um fio de azeite de oliva. Coe. Reserve.
3. Pique o champignon.
4. Pique o fígado e o chester.
5. Corte a cebola em lâminas finas.

6. Coloque numa panela o azeite de oliva. Refogue a cebola, sem dar coloração.
7. Junte a carne moída, o chester, o fígado de galinha e, por último, o champignon. Misture bem.
8. Acrescente o tomilho, o louro e o molho de tomate.
9. Corrija com sal light e pimenta. Cozinhe com a panela tampada a fogo lento, durante 10 minutos.
10. Sirva as abobrinhas numa travessa, como espaguete. Cubra com o molho bolonhesa no centro.
11. Use as folhas de manjericão para a decoração do prato.

Rendimento: 4 porções

INFORMAÇÃO NUTRICIONAL		
Porção de 300g – 1 prato 300g		
	Qtde	VD(*)
Valor energético	322kcal – 1347KJ	16
Carboidratos	18g	6
Proteínas	23g	30
Gorduras totais	18g	32
Gorduras saturadas	3,2g	14
Gorduras trans	Zero	0
Fibra alimentar	3,9g	16
Sódio	592mg	25

LASANHA DE ESPINAFRE E PEITO DE PERU

O aipo é pobre em calorias, rico em fibras e em potássio, mineral responsável pelo equilíbrio hídrico no organismo.

INGREDIENTES
1 pacote de massa para lasanha (resfriada)
1 maço de espinafre
200g de peito de peru defumado em cubinhos
1 colher (sopa) de margarina light
Salsa, cebolinha verde, aipo, pimenta-do-reino e noz-moscada a gosto
1 molho de alho-poró
1g de sal light
2 colheres (sopa) de molho inglês
1 taça de vinho branco seco
200g de molho de tomate pronto
200g de molho branco light
1 pacotinho de queijo parmesão light ralado
200g de queijo mussarela light
100ml de leite desnatado

MODO DE PREPARO
1. Refogue o peito de peru com a margarina light.
2. Adicione todos os temperos e o vinho.
3. Triture no mixer, juntamente com o espinafre previamente cozido.
4. Acrescente 1 xícara de molho branco light.
5. Coloque o leite no fundo de uma assadeira, arrume uma camada de massa de lasanha, uma de recheio, outra de massa, uma de molho de tomates

e queijo ralado, outra de lasanha, uma de recheio, molho e assim por diante até terminar.
6. Cubra com fatias de mussarela.
7. Leve ao forno quente até derreter e dourar o queijo.

Rendimento: 10 porções

INFORMAÇÃO NUTRICIONAL		
Porção de 300g – 1 prato 300g		
	Qtde	VD(*)
Valor energético	341kcal – 1429kJ	17
Carboidratos	32g	11
Proteínas	20g	26
Gorduras totais	15g	27
Gorduras saturadas	7,7g	35
Gorduras trans	Zero	0
Fibra alimentar	2,2g	9
Sódio	801mg	33

NHOQUE DE ESPINAFRE À BOLONHESA

Receita rica em vitaminas e minerais comuns no espinafre. Também possui uma boa quantidade de proteína, oferecida pela carne, e energia, que vem da batata.

Ingredientes
3kg de espinafre bruto
150g de queijo parmesão ralado light
150g de ricota light
2 ovos

50g de farinha de trigo

INGREDIENTES DO MOLHO
300g de carne moída magra
200g de tomate sem pele e sem semente
2 dentes de alho esmagado
100g de cebola moída
½ envelope de adoçante sucralose
1 colher de extrato de tomate
1g de sal light
½ colher (sopa) de azeite de oliva extravirgem
1 colher (sopa) de shoyu light
Pitada de páprica e orégano

MODO DE PREPARO
1. Lave o espinafre em água corrente, folha por folha.
2. Coloque-o num escorredor e derrame água quente. Deixe escorrendo até esfriar, esprema bem.
3. Pique na tábua e reserve (pode passar no processador ou na máquina).
4. Bata os ovos inteiros (desmanche com a faca).
5. Junte a ricota esmagada, a farinha de trigo e a metade do queijo parmesão.
6. Junte o espinafre batido. Amasse bem até tornar a mistura homogênea.
7. Faça rolinhos compridos e finos. Corte em formato e tamanho de nhoques.
8. Passe na farinha e coloque em pequenas quantidades numa panela com água e sal fervendo. Retire-os assim que vierem à tona.

9. Para fazer o molho, coloque tudo (menos o extrato de tomate e o shoyu) numa panela e refogue, amassando até que a carne fique bem solta e os temperos desmanchados.
10. Junte o extrato de tomate e o shoyu, refogue por 1 minuto e vá juntando água quente até obter um molho não muito espesso.
11. Escorra bem e arrume num refratário, cobrir com o molho à bolonhesa e o restante do parmesão.

Rendimento: 6 porções

INFORMAÇÃO NUTRICIONAL		
Porção de 300g – 1 prato 300g		
	Qtde	VD(*)
Valor energético	395kcal – 1653KJ	20
Carboidratos	66g	22
Proteínas	17g	23
Gorduras totais	6,7g	12
Gorduras saturadas	2,9g	13
Gorduras trans	Zero	0
Fibra alimentar	9,5g	38
Sódio	139mg	6

TALHARIM COM FRUTOS DO MAR

A mostarda em grão é rica em vitaminas A, B, C, e minerais como ferro, fósforo, potássio e enxofre, por isso sempre é melhor usar esta opção à mostarda condimentada pronta.

Ingredientes

250g de talharim grano duro
100g de mexilhão cozido e descascado
100g de camarão cozido e descascado
100g de cogumelo fatiado
Salsa picada à vontade
2 colheres (sopa) de queijo parmesão light ralado
1 lata de anchovas
1g de sal light

Ingredientes do molho

4 tomates vermelhos sem pele e sem sementes
2 dentes de alho picados
1 cebola pequena picada
2 dentes de cravo
Sálvia a gosto
Uma pitada de páprica picante
2 grãos de pimenta-do-reino
2 grãos de mostarda moída na hora
½ colher (chá) de margarina light
½ colher (sopa) de azeite de oliva extravirgem
1 colher (sopa) de anchovas

Modo de preparo

1. Cozinhe o talharim até ficar al dente. Escorra. Reserve.
2. Para fazer o molho, refogue a cebola e o alho picado na margarina com o adoçante até ficarem transparentes.
3. Acrescente o azeite e os tomates. Tampe a panela e deixe em fogo brando. Quando os tomates estiverem macios, junte a anchova e os demais

condimentos, mexa e acrescente 2 copos de água fervendo, incluído a água do cozimento dos camarões, mexilhões e cogumelos.
4. Prove o sal, ferva por uns 20 minutos, retire os cravos e passe o molho pela peneira.
5. Na hora de servir, acrescente os crustáceos ao molho e leve ao fogo.
6. Quando começar a ferver, junte o talharim e mexa com um garfo até aquecer a massa.
7. Apague o fogo, junte a salsa e metade do queijo.
8. Misture rapidamente, coloque numa travessa aquecida e polvilhe com o restante do queijo.

Rendimento: 6 porções

INFORMAÇÃO NUTRICIONAL		
Porção de 300g – 1 prato 300g		
	Qtde	VD(*)
Valor energético	304kcal – 1271KJ	15
Carboidratos	45g	15
Proteínas	21g	26
Gorduras totais	4,4g	8
Gorduras saturadas	0,66g	3
Gorduras trans	Zero	0
Fibra alimentar	2,5g	10
Sódio	130mg	5

PANQUECAS DE SALMÃO

INGREDIENTES PARA A PANQUECA
600ml de leite desnatado
2 xícaras de farinha de trigo
1 pitada de sal light
2 ovos
1 colher (sopa) de azeite de oliva extravirgem para untar

INGREDIENTES PARA O RECHEIO
1 xícara de salmão defumado em pedaços
1 xícara de cream cheese light
1 ovo
1 pimentão vermelho
½ caixinha de creme de leite light
½ pacotinho de queijo parmesão light

MODO DE PREPARO
1. Misture o leite e a farinha até formar uma massa uniforme.
2. Junte o sal e os ovos e bata bem.
3. Unte a frigideira com azeite de oliva extravirgem e faça as panquecas, dourando somente de um lado.
4. Misture o salmão com o cream cheese, o ovo e o pimentão.
5. Recheie o lado dourado da panqueca.
6. Enrole cada panqueca, fechando as extremidades.
7. Coloque-as enfileiradas num refratário, cubra com o creme de leite light e salpique o parmesão.

8. Leve ao forno preaquecido a 180ºC por 10 minutos.
9. Sirva em seguida.

RENDIMENTO: 6 porções

INFORMAÇÃO NUTRICIONAL		
Porção de 300g – 1 prato 300g		
	Qtde	VD(*)
Valor energético	222kcal – 928KJ	11
Carboidratos	27g	9
Proteínas	11g	15
Gorduras totais	7,6g	14
Gorduras saturadas	3,1g	14
Gorduras trans	Zero	0
Fibra alimentar	2,4g	10
Sódio	89mg	4

MACARRÃO DE ARROZ COM MIGNON AO CREME

Sem glúten e sem lactose.

INGREDIENTES
4 dentes de alho picados
200g de filé mignon em cubos
½ cebola picada
Cebolinha verde picada
1 colher (sopa) de margarina light
1 colher (sopa) de farinha de arroz
Pimenta calabresa
1 caldo de carne zero açúcar
1 creme de soja light

2 xícaras de macarrão de arroz tipo penne
Sal light
Pimenta-do-reino a gosto

MODO DE PREPARO

1. Cozinhe o macarrão separadamente, como de costume.
2. Na panela, refogue o alho na margarina até quase dourar.
3. Acrescente a farinha de arroz e mexa por alguns segundos.
4. Coloque a carne em cubos e mexa até que esteja quase toda fritinha.
5. Se começar a grudar no fundo, coloque um pouquinho de água apenas para soltar.
6. Coloque o caldo de carne, a cebola e a cebolinha picadas. Acerte o sal e as pimentas.
7. Refogue tudo e, por último, em fogo baixo, acrescente o creme de soja.
8. No fim, coloque o macarrão na panela do molho, misturando bem e sirva.

RENDIMENTO: 4 porções

INFORMAÇÃO NUTRICIONAL		
Porção de 60g – 1 unidade 60g		
	Qtde	VD(*)
Valor energético	385kcal – 1612KJ	19
Carboidratos	51g	17
Proteínas	18g	24
Gorduras totais	12g	22
Gorduras saturadas	6,0g	27
Gorduras trans	Zero	0
Fibra alimentar	2,0g	8
Sódio	97mg	4

MASSAS COM VEGETAIS

CANELONES DE BERINJELA

A berinjela é rica em vitamina A, vitaminas dos complexos B e C, sais minerais, como cálcio, fósforo e ferro, e flavonoides, compostos antioxidantes.

INGREDIENTES DO RECHEIO
200g de queijo mussarela light fatiado
240g berinjela fatiada fina (2 unidades)
200g de blanquet de peru fatiado

INGREDIENTES DO MOLHO
1 colher (sopa) de farinha de trigo integral (30g)
½ colher (sopa) de margarina light sem sal (10g)
2 xícaras de molho de tomate (300g)
1 pacotinho de queijo parmesão light (50g)
Pitada de sal light (1g)
Pimenta a gosto
200g de tomate seco light

MODO DE PREPARO
1. Fatie a berinjela bem fininha e doure na frigideira. Depois que ela dourou, coloque em cima da berinjela 1 fatia de queijo mussarela, 1 fatia do blanquet de peru e 1 tomate seco. Enrole. Para firmar, prenda as pontas com um palito.
2. Derreta a margarina light na panela. Adicione o molho de tomate, a farinha de trigo e mexa bem. Acrescente o sal light e uma pitada de pimenta.

3. Cubra os canelones com o molho vermelho e salpique o queijo parmesão por cima.
4. Leve para gratinar ao forno médio por 10 minutos.

Rendimento: 20 unidades

INFORMAÇÃO NUTRICIONAL		
Porção de de 60g – 1 unidade 60g		
	Qtde	VD(*)
Valor energético	102kcal – 428kJ	5
Carboidratos	5,0g	2
Proteínas	7,5g	10
Gorduras totais	5,8g	11
Gorduras saturadas	3,0g	14
Gorduras trans	Zero	0
Fibra alimentar	0,54g	2
Sódio	378mg	16

CREPES COM ESPINAFRE

O espinafre é rico em betacaroteno, vitaminas K e C, ácido fólico, potássio.

Ingredientes do crepe
1 ovo
1 copo de farinha de trigo integral (300g)
1 copo de leite desnatado (250ml)
1 colher (sopa) de margarina light (20g)
1g de sal light

MODO DE PREPARO
1. Bata tudo no liquidificador e faça panquecas (crepes) finas.
2. Recheie com o preparado de espinafre.

INGREDIENTES DO RECHEIO DE ESPINAFRE
1 maço de espinafre (200g)
200g de ricota light
6 colheres (sopa) de creme de leite light (120g)
1 ovo
4 colheres (sopa) de queijo parmesão light ralado (40g)
2 colheres (sopa) de nozes picadas (20g)
1 pitada de noz-moscada ralada
1g de sal light
Pimenta a gosto

MODO DE PREPARO
1. Ferva o espinafre na água.
2. Escorra e pique bem miúdo.
3. Misture ao espinafre a ricota, o creme de leite, o parmesão, o sal, a pimenta, a noz-moscada e o ovo.
4. Recheie os crepes com o preparado de espinafre.
5. Coloque os crepes já recheados num refratário e cubra com o creme de leite light, salpicando o parmesão e as nozes.
6. Leve ao forno para gratinar.

RENDIMENTO: 6 porções

INFORMAÇÃO NUTRICIONAL		
Porção de 200g – 2 unidades 100g		
	Qtde	VD(*)
Valor energético	314kcal – 1314kJ	16
Carboidratos	31g	10
Proteínas	17g	23
Gorduras totais	14g	25
Gorduras saturadas	6,1g	28
Gorduras trans	Zero	0
Fibra alimentar	2,9g	11
Sódio	286mg	12

ESPAGUETE AO SUGO COM COGUMELOS SALTEADOS

Os cogumelos naturais não têm gordura, são pouco calóricos, ricos em sais minerais e potencializam as funções imunológicas do organismo (função protetora contra doenças).

INGREDIENTES

400g de espaguete grano duro
2 dentes de alho cozidos (6g)
3 colheres (sopa) de azeite de oliva extravirgem (30 ml)
2 berinjelas (240g)
2 tomates sem pele e sem sementes (160g)
4 cogumelos grandes fatiados (120g)
1 molho de ceboulet (30g)
1 molho de manjericão (30g)
1 pacotinho de queijo parmesão ralado light (50g)

1g de sal light

MODO DE PREPARO

1. Numa frigideira, salteie o alho no azeite de oliva e, em seguida, adicione a berinjela cortada em cubos.
2. Assim que estiver macia, incorpore os tomates, mas não deixe que se desmanchem.
3. Acrescente os cogumelos, acerte com o sal light e tempere com as ervas e o queijo parmesão. Reserve.
4. Cozinhe o espaguete numa panela com bastante água e uma pitada de sal light, até ficar al dente. Escorra a água, misture o molho cuidadosamente e sirva em seguida.

RENDIMENTO: 6 porções

INFORMAÇÃO NUTRICIONAL		
Porção de 250g – 1 prato 250g		
	Qtde	VD(*)
Valor energético	406kcal – 1700kJ	20
Carboidratos	42g	14
Proteínas	28g	37
Gorduras totais	14g	26
Gorduras saturadas	3,5g	16
Gorduras trans	Zero	0
Fibra alimentar	5,0g	20
Sódio	166mg	7

ESPAGUETE AO MOLHO DE RÚCULA

A rúcula é rica em vitamina C, cálcio, ácido fólico, betacaroteno e potássio.

INGREDIENTES
1 colher (sopa) de azeite de oliva (10ml)
1 dente de alho picado (3g)
Pimenta chilli seca a gosto
400g de tomate-cereja
30g de azeitona picada sem caroço (15 unidades)
1 pacote de espaguete grano duro (500g)
1g de sal light
Pimenta-do-reino moída na hora a gosto
2 molhos de rúcula picada grosseiramente (200g)

MODO DE PREPARO
1. Aqueça uma frigideira larga, adicione o azeite de oliva extravirgem e doure o alho.
2. Adicione a pimenta por 30 segundos antes de acrescentar os tomates picados grosseiramente e as azeitonas.
3. Misture tudo e deixe cozinhar por mais 4 a 6 minutos.
4. Enquanto isso, cozinhe o espaguete em água fervente até ficar al dente. Os tomates irão se transformar em um molho encorpado com alguns pedaços inteiros.
5. Misture e coloque o molho sobre a massa escorrida. Tempere a gosto.
6. Adicione a rúcula picada, misture rapidamente e sirva a seguir em uma travessa funda grande.

RENDIMENTO: 6 porções

INFORMAÇÃO NUTRICIONAL		
Porção de 250g – 1 prato 250g		
	Qtde	VD(*)
Valor energético	314kcal – 1312kJ	16
Carboidratos	59g	20
Proteínas	11g	14
Gorduras totais	3,9g	7
Gorduras saturadas	0,55g	2
Gorduras trans	Zero	0
Fibra alimentar	3,3g	13
Sódio	116mg	5

ESPAGUETE DE RÚCULA SELVAGEM E CHILLI

A pimenta chilli é excelente fonte de beta-caroteno e vitamina C. Estudos recentes comprovam que esse tipo de pimenta acelera o metabolismo.

INGREDIENTES
500g de espaguete grano duro (1 pacote)
1 colher (chá) de azeite de oliva extravirgem (10ml)
1 dente de alho picado (3g)
Pimenta chilli picada a gosto
1 lata de atum (200g)
1 molho de rúcula (100g)
Raspas de 1 limão
Suco de ½ limão

1g de sal light
Pimenta moída na hora a gosto
50g de queijo parmesão ralado (1 pacotinho)

MODO DE PREPARO
1. Cozinhe o macarrão até ficar al dente.
2. Prepare o molho: aqueça o azeite numa panela, acrescente o alho, a pimenta chilli e o atum. Junte também as raspas de limão. Retire do fogo e acrescente o suco de limão e parte da rúcula.
3. Escorra o espaguete e misture-o com o molho. Prove e corrija com o sal light, se precisar.
4. Despeje-o num prato, arrume por cima o punhado restante de rúcula fresca, salpique o queijo parmesão ralado e a pimenta.

RENDIMENTO: 6 porções

INFORMAÇÃO NUTRICIONAL		
Porção de 250g – 1 prato 250g		
	Qtde	VD(*)
Valor energético	380kcal – 1588kJ	19
Carboidratos	58g	19
Proteínas	21g	27
Gorduras totais	7,2g	13
Gorduras saturadas	2,5g	12
Gorduras trans	Zero	0
Fibra alimentar	2,5g	10
Sódio	145mg	6

FARFALLE COM BRÓCOLIS, ANCHOVAS E PIMENTA CHILLI

O brócolis é considerado um alimento funcional, pois é rico em vitamina C, ácido fólico, fibras e contém substâncias anticancerígenas.

INGREDIENTES
2 brócolis (400g)
1 dente de alho picado bem fino (3g)
3 latas de anchova em conserva (300g)
Pimenta chilli a gosto
500g de farfalle grano duro (1 pacote)
1g de sal light
Pimenta-do-reino a gosto (moída na hora)
1 punhado de amêndoas levemente tostadas (30g)

MODO DE PREPARO
1. Remova as flores dos brócolis. Apare, descasque e pique bem os talos.
2. Coloque o alho para refogar com o óleo da anchova. Depois, adicione as anchovas, a pimenta e os brócolis (flores e talos picados) em uma panela tampada por aproximadamente 15 minutos, adicionando água se necessário. Sinta-se à vontade para amassar parte do brócolis assim que ele for cozinhando, a fim de obter um molho cremoso com pedaços. Tempere a gosto.
3. Cozinhe o farfalle em água fervente até ficar al dente.

4. Misture a massa escorrida ao molho e, se necessário, adicione um pouco da água do cozimento para deixá-lo mais solto. Acrescente as amêndoas antes de servir.

Rendimento: 8 porções

INFORMAÇÃO NUTRICIONAL		
Porção de 250g – 1 prato 250g		
	Qtde	VD(*)
Valor energético	399kcal – 1669kJ	20
Carboidratos	48g	16
Proteínas	16g	21
Gorduras totais	16g	29
Gorduras saturadas	0,41g	2
Gorduras trans	Zero	0
Fibra alimentar	4,1g	16
Sódio	18mg	1

MACARRÃO AO PESTO DE RÚCULA E LASCAS DE PARMESÃO

Receita com fonte de fibras, cálcio e vitamina E.

Ingredientes
500g de rúcula cortada em pedaços pequenos
2 xícaras de água
1 colher (chá) de alho amassado
1 colher (sopa) de sal light
1 colher (sopa) de azeite de oliva extravirgem
2 colheres (sopa) de queijo parmesão light ralado

1 colher (sopa) de vinagre de vinho tinto
1 xícara de maionese light
500g de macarrão tipo conchinhas
250g de queijo minas em cubos
1 xícara de nozes tostadas
1 xícara de tomate seco light cortado em tirinhas

Modo de preparo

1. Em uma panela funda, coloque 2 litros de água para ferver. Ponha a massa para cozinhar até que fique a um minuto antes de ficar al dente. Escorra e deixe esfriar um pouco.
2. Enquanto isso, bata a rúcula no liquidificador junto com a água e o alho até que vire um creme. Reserve uma pequena parte das folhas da rúcula para decorar.
3. Em uma bacia grande, junte o creme de rúcula aos outros ingredientes do molho e bata bem com um batedor manual.
4. Assim que a massa estiver fria, adicione ao molho, juntamente com as nozes picadas, o queijo e o tomate seco.
5. Na hora de servir, arrume as folhas de rúcula cortadas em tiras largas ou como uma cama para a salada ou ainda por cima, salpicadas.

Rendimento: 8 porções

INFORMAÇÃO NUTRICIONAL		
Porção de 250g – 1 prato 250g		
	Qtde	VD(*)
Valor energético	398kcal – 1667kJ	20
Carboidratos	49g	16
Proteínas	15g	21
Gorduras totais	16g	19
Gorduras saturadas	3,0g	14
Gorduras trans	Zero	0
Fibra alimentar	2,8g	11
Sódio	126mg	5

TALHARIM COM MOLHO DE TOMATE, ESPINAFRE E RICOTA

O vinho tinto contém bioflavonoides, fenóis e taninos, substâncias que auxiliam na prevenção de doenças cardiovasculares.

INGREDIENTES
1 dente de alho grande picado
1 pitada de pimenta (chilli) seca
2 colheres (sopa) de azeite de oliva extravirgem
2 latas de tomates inteiros pelados
Vinagre de vinho tinto a gosto
1g de sal light
Pimenta-do-reino moída na hora a gosto
1 pacote de talharim grano duro
250g de espinafre fresco lavado
250g de ricota light

MODO DE PREPARO

1. Doure o alho e a pimenta seca com o óleo de oliva até amolecer.
2. Acrescente os tomates, leve à fervura e, a seguir, diminua a chama para um cozimento em fogo brando. Os tomates devem permanecer inteiros até que fiquem cozidos e formem um molho grosso. Desfaça-os com um garfo ou uma colher.
3. Retire do fogo e, cuidadosamente, tempere a gosto com um pouco de vinagre de vinho tinto, sal light e pimenta-do-reino moída na hora.
4. Cozinhe o talharim até que fique al dente.
5. Ao mesmo tempo, cozinhe o espinafre no vapor, colocando-o em uma peneira sobre a massa.
6. Escorra o talharim e misture-o ao molho de tomate.
7. Sirva com uma quantidade generosa de espinafre por cima e polvilhado de ricota.
8. Finalize com uma colher de óleo de oliva extravirgem.

RENDIMENTO: 8 porções

INFORMAÇÃO NUTRICIONAL		
Porção de 300g – 1 prato 300g		
	Qtde	VD(*)
Valor energético	284kcal – 1189KJ	14
Carboidratos	44g	15
Proteínas	14g	18
Gorduras totais	5,8g	11
Gorduras saturadas	1,7g	8
Gorduras trans	Zero	0
Fibra alimentar	2,8g	11
Sódio	96mg	4

TALHARIM AO MOLHO DE SHITAKE

Receita que fornece energia rapidamente. Indicada para depois de uma atividade física.

INGREDIENTES
1 cebola média
1 dente de alho
3 tomates maduros sem pele nem sementes
150g de cogumelos shitake
250g de talharim grano duro
Sal light
1 colher (sopa) de azeite de oliva extravirgem
Manjericão

MODO DE PREPARO
1. Cozinhe o talharim até ficar al dente.
2. Pique a cebola, o alho e os tomates em cubos e o shitake em tiras.
3. Doure a cebola no azeite. Acrescente o tomate, o shitake e o sal light.
4. Refogue por alguns minutos, tempere com o manjericão e sirva sobre o talharim. Sirva em seguida.

RENDIMENTO: 2 porções

INFORMAÇÃO NUTRICIONAL		
Porção de 300g – 1 prato 300g		
	Qtde	VD(*)
Valor energético	398kcal – 1667KJ	20
Carboidratos	68g	23
Proteínas	15g	20
Gorduras totais	7,1g	13
Gorduras saturadas	0,55g	2
Gorduras trans	Zero	0
Fibra alimentar	5,1g	20
Sódio	13mg	1

LASANHA VEGETARIANA

O repolho é excelente fonte de vitamina C, além de ser pouco calórico e rico em fibras. Possui substâncias que previnem o câncer de cólon e alguns tipos de tumores.

INGREDIENTES
3 berinjelas grandes
1 xícara de milho em conserva
2 xícaras de tomates picados
1 xícara de cebola picada
5 dentes de alho
300g de queijo mussarela light
1 xícara de cenoura ralada
1 xícara de repolho em finas tiras
1 xícara de brócolis
1 xícara de molho de shoyu light
Orégano a gosto

MODO DE PREPARO

1. Corte as berinjelas em fatias longas, reservando uma parte delas para o refogado.
2. Doure levemente as fatias em frigideira untada para obter um pré-cozimento e reserve.
3. Faça um refogado com o tomate, a cebola, o brócolis e o alho e adicione a berinjela que havia sido reservada.
4. Acrescente também o milho, a cenoura ralada grossa e o repolho em tiras. Adicione um pouco de molho de soja (shoyu) uma pitada de orégano e deixe ferver bem, até a cenoura ficar al dente.
5. Em um prato untado, coloque uma camada de fatias de berinjelas pré-cozidas e outra camada do refogado.
6. A terceira camada é de queijo mussarela light. Adicione um pouco de orégano e continue as camadas na mesma ordem, finalizando com uma de queijo e orégano.
7. Leve ao forno por aproximadamente 30 minutos ou até o queijo derreter.

RENDIMENTO: 8 porções

INFORMAÇÃO NUTRICIONAL		
Porção de 300g – 1 prato 300g		
	Qtde	VD(*)
Valor energético	341kcal – 1429KJ	17
Carboidratos	32g	11
Proteínas	20g	26
Gorduras totais	15g	27
Gorduras saturadas	7,7g	35
Gorduras trans	Zero	0
Fibra alimentar	2,2g	9
Sódio	801mg	33

CANELONES DE COGUMELOS

Os cogumelos, em geral, não contêm gordura, por isso são pouco calóricos. Eles são ricos em sais minerais e potencializam as funções imunológicas (funções de proteção) do corpo.

INGREDIENTES

250g de massa de lasanha
2 copos de molho branco light
200g de cogumelos paris
200g de peito de frango cozido cortado em cubinhos
1 pacote de queijo ralado light
1 colher (sopa) de margarina light sem sal
200g de queijo mussarela light ralado

MODO DE PREPARO

1. Corte a massa de lasanha em quadrados de 4 dedos mais ou menos.

2. Cozinhe-os em água e sal.
3. Refogue os cogumelos na margarina light com os pedaços de frango.
4. Junte o molho branco com o queijo ralado. Deixe esfriar.
5. Coloque 1 colherada desse recheio em cada quadrado de massa e enrole como panqueca.
6. Num refratário, vá arrumando os canelones em fileiras.
7. Despeje por cima o molho branco.
8. Polvilhe com o queijo ralado e o queijo mussarela.
9. Leve ao forno brando por 15 minutos.

Rendimento: 8 porções

INFORMAÇÃO NUTRICIONAL		
Porção de 100g – 1 unidade 100g		
	Qtde	VD(*)
Valor energético	114kcal – 476KJ	6
Carboidratos	11g	4
Proteínas	6,6g	9
Gorduras totais	5,0g	9
Gorduras saturadas	2,6g	12
Gorduras trans	Zero	0
Fibra alimentar	0,71g	3
Sódio	267mg	11

CREPES DE ALHO-PORÓ

A receita de crepe é considerada leve, pois o alho-poró é pouco calórico e rico em fibras, que aumentam a sensação de saciedade.

INGREDIENTES DO FONDUE DE ALHO PORÓ
1kg de alho-poró
3 colheres (sopa) de margarina light
3 colheres (sopa) de creme de leite light
Sal light
Pimenta-do-reino a gosto

INGREDIENTES DO RECHEIO
800g de fondue de alho-poró
2 fatias de chester defumado
80g de queijo gruyère ralado
250g de creme de leite light
margarina light
1 gema de ovo

INGREDIENTES DA MASSA DO CREPE
125g de farinha de trigo
250ml de leite desnatado
2 ovos
Sal light
Pimenta-do-reino e noz-moscada a gosto

MODO DE PREPARO
1. Limpe o alho-poró, retire ¾ da parte verde e pique-o em lâminas finas.
2. Numa panela, derreta a margarina light e doure o alho-poró.

3. Tempere com sal e pimenta e deixe cozinhar por 10 minutos em fogo baixo.
4. Ao final, agregue o creme de leite light. Retire do fogo em seguida.
5. Misture os ingredientes para a massa de panqueca (crepe). Deixe descansar.
6. Numa frigideira, derrame a massa e doure as panquecas (crepe).
7. Junte metade do gruyère e uma gema de ovo no molho branco.
8. Adicione esse molho ao alho-poró.
9. Adicione o chester em cubos.
10. Recheie as panquecas com a mistura. Enrole cada uma.
11. Coloque num prato refratário.
12. Polvilhe com o restante do queijo ralado.
13. Gratine no forno.

Rendimento: 8 unidades

INFORMAÇÃO NUTRICIONAL		
Porção de 100g – 1 unidade 100g		
	Qtde	VD(*)
Valor energético	133kcal – 556KJ	7
Carboidratos	12g	4
Proteínas	5,6g	8
Gorduras totais	6,8g	12
Gorduras saturadas	3,9g	18
Gorduras trans	0,24g	0
Fibra alimentar	0,91g	4
Sódio	830mg	35

TALHARIM COM IOGURTE E CENOURA

O iogurte desnatado é uma ótima opção para substituir ingredientes mais calóricos, como a maionese, o creme de leite, a nata etc. Ele é rico em proteína e cálcio.

INGREDIENTES
400g de talharim grano duro
3 colheres (sopa) de azeite de oliva extravirgem
3 xícaras de cenoura ralada
2 colheres (sopa) de cebola picada
2 xícaras de iogurte natural desnatado
¼ de xícara de folhas de hortelã picadas
1 colher (sopa) de suco de limão
½ colher (chá) de sal

MODO DE PREPARO
1. Cozinhe o macarrão até ficar al dente.
2. Numa panela média, aqueça o azeite em fogo alto. Refogue a cenoura e a cebola, mexendo sempre, por quatro minutos ou até ficarem macias.
3. Adicione os ingredientes restantes, misture e deixe aquecer bem.
4. Escorra o macarrão, misture com o molho, transfira para uma travessa e sirva em seguida.

RENDIMENTO: 6 porções

INFORMAÇÃO NUTRICIONAL		
Porção de 300g – 1 prato 300g		
	Qtde	VD(*)
Valor energético	305kcal – 1275KJ	15
Carboidratos	49g	16
Proteínas	11g	15
Gorduras totais	7,0g	13
Gorduras saturadas	0,82g	4
Gorduras trans	Zero	0
Fibra alimentar	3,4g	14
Sódio	49mg	2

TALHARIM COM TOMATE SECO E MANJERICÃO

Receita leve e pouco calórica. Ideal para um jantar.

Ingredientes
500g de talharim grano duro
3 colheres (sopa) de azeite de oliva extravirgem
1 colher (sopa) de alho picado
2 xícaras de tomate seco light
1 colher (sopa) de molho de pimenta
1g de sal light
1 colher (sopa) de manjericão fresco picado
1 pacotinho de queijo parmesão ralado light

Modo de preparo
1. Cozinhe o talharim até ficar al dente. Escorra.
2. Numa panela pequena, aqueça o azeite e doure o alho.

3. Abaixe o fogo, junte o tomate seco, o molho de pimenta, o sal e o manjericão.
4. Misture rapidamente sem deixar secar.
5. Sirva o molho sobre o talharim e polvilhe queijo parmesão.

RENDIMENTO: 6 porções

INFORMAÇÃO NUTRICIONAL Porção de 300g – 1 prato 300g		
	Qtde	VD(*)
Valor energético	336kcal – 1407KJ	17
Carboidratos	54g	18
Proteínas	11g	15
Gorduras totais	8,5g	15
Gorduras saturadas	0,64g	3
Gorduras trans	Zero	0
Fibra alimentar	2,8g	11
Sódio	3,1mg	0

TALHARIM VERDE À CAMPANHA

O talharim da cor verde normalmente é tingido com espinafre ou verdura verde-escura, portanto possui menos calorias e mais vitaminas e minerais.

INGREDIENTES
400g de talharim verde (massa crua)
1 molho de espinafre cozido e triturado
100g de queijo mussarela light
1 copo de leite desnatado

1 colher (sopa) de amido de milho
½ cebola picada
2 dentes de alho socados
1 colher (chá) de margarina light
1 colher (sopa) de queijo parmesão light ralado
1 colher (sopa) de óleo
Orégano e manjericão a gosto
Sal light

MODO DE PREPARO
1. Cozinhe o talharim até ficar al dente. Escorra e reserve.
2. Faça um creme verde, refogando o espinafre na margarina com alho, sal, cebola, manjericão e orégano.
3. Junte o leite e o amido. Bata no liquidificador e leve ao fogo para cozinhar o creme. Corrija com o sal light, se necessário.
4. Arrume em prato refratário metade da massa, metade do creme e metade do queijo mussarela.
5. Polvilhe com metade do parmesão e repita a operação. Na hora de servir, leve ao forno médio para gratinar.

RENDIMENTO: 4 porções

INFORMAÇÃO NUTRICIONAL		
Porção de 300g – 1 prato 300g		
	Qtde	VD(*)
Valor energético	326kcal – 1362KJ	16
Carboidratos	47g	16
Proteínas	15g	21
Gorduras totais	8,7g	16
Gorduras saturadas	4,2g	19
Gorduras trans	Zero	0
Fibra alimentar	2,2g	9
Sódio	1186mg	49

CREPES RECHEADOS COM ASPARGOS E QUEIJO

O aspargo em conserva, diferentemente do in natura, tem outra coloração. O primeiro é clarinho, e o segundo é verde-escuro. Os nutrientes também mudam. No aspargo desta receita, encontramos fibras que ajudam na saciedade, mas ele também é rico em sódio, então não utilize a água da conserva.

INGREDIENTES
400g de aspargos em conserva
400g de ricota light
Casca ralada de limão
Sal light

INGREDIENTES DA MASSA
100g de farinha de trigo integral moída fina

1 pitada de sal light
2 ovos
1 colher (sopa) de azeite de oliva extravirgem
150ml de leite desnatado
150ml de água

INGREDIENTES DO MOLHO
250ml de creme de leite light
1 colher (sopa) de queijo ralado light
Salsinha picada a gosto

PARA DECORAR
Fatias finas de limão
Talos de aspargo

MODO DE PREPARO
1. Corte os aspargos em pedaços pequenos, misture com o queijo e a casca de limão e tempere com o sal.
2. A seguir, bata a massa num liquidificador até ficar lisa.
3. Aqueça o forno a 180 graus. Use a massa para fazer mais ou menos 15 crepes.
4. Encha cada um com um pouco da mistura de aspargos.
5. Coloque-os lado a lado num refratário.
6. Coloque o molho sobre os crepes e leve ao forno por 20 a 30 minutos (pode ser coberto com papel alumínio).
7. Decore com o limão e os aspargos e sirva.

Rendimento: 15 unidades

INFORMAÇÃO NUTRICIONAL		
Porção de 100g – 1 unidade 100g		
	Qtde	VD(*)
Valor energético	126kcal – 527KJ	6
Carboidratos	12g	4
Proteínas	5,3g	7
Gorduras totais	6,4g	12
Gorduras saturadas	3,7g	17
Gorduras trans	0,22	0
Fibra alimentar	0,87g	3
Sódio	786mg	33

CREPES DE BRÓCOLIS

A salsa é pouco calórica e contém vitamina C e B6, esta última responsável por promover o metabolismo de carboidratos, proteínas e liberação de energia.

INGREDIENTES DO CREPE
2 xícaras de farinha de trigo
1 latinha de cerveja sem álcool
6 claras de ovos
1 pitada de sal light
Pimenta-do-reino a gosto

INGREDIENTES DO RECHEIO
500g de brócolis
1 cebola
1 colher (chá) de curry

20g (1 colher) de margarina light
200g de frutas secas (variar entre damasco, ameixa, tâmara e uva passa)
100g de geleia de maçã light
100g de castanha de caju

INGREDIENTES DO MOLHO
1 molho de salsa picada
80g de margarina light
250g de creme de leite light

MODO DE PREPARO
1. Bata os ingredientes da massa no liquidificador e reserve.
2. Cozinhe o brócolis e resfrie.
3. Refogue a cebola na margarina e, após, coloque o curry.
4. Adicione as frutas secas, a geleia de maçã e as castanhas de caju e reserve.
5. Misture o brócolis no recheio das frutas. Cozinhe por alguns minutos em fogo baixo e tempere com sal e pimenta.
6. Para o molho, leve ao fogo a margarina light e a salsa, acrescentando o creme de leite, reduzindo à metade. Cubra os crepes e sirva bem quente.

RENDIMENTO: 8 porções

INFORMAÇÃO NUTRICIONAL		
Porção de 150g – 1 unidade 150g		
	Qtde	VD(*)
Valor energético	189kcal – 790KJ	9
Carboidratos	18g	6
Proteínas	8,0g	11
Gorduras totais	9,6g	17
Gorduras saturadas	5,6g	26
Gorduras trans	0,34g	0
Fibra alimentar	1,3g	5
Sódio	1180mg	49

CREPES DE COGUMELOS

O ovo é uma excelente fonte de proteínas, vitaminas A e do complexo B, além de ser rico em zinco e ferro. Ele não é o vilão da alimentação, e pode ser ingerida uma unidade diariamente sem prejuízos na saúde.

INGREDIENTES DA MASSA
2 ovos
2 gemas
2 colheres (sopa) de margarina light
1 ½ xícara de farinha de trigo
1 xícara de farinha de trigo integral
½ colher (chá) de sal light
1 colher (chá) de fermento em pó
1 colher (sopa) de margarina light

INGREDIENTES DO RECHEIO
50g de cogumelos secos

½ xícara de água fervente
1 colher (sopa) de azeite de oliva extravirgem
2 dentes de alho amassados
50g de peito de peru defumado picadinho
700g de cogumelos naturais cortados em fatias
¾ de xícara de farinha de trigo
1 xícara de creme de leite light
2 colheres (sopa) de suco de limão
Sal a gosto

Modo de preparo
1. Coloque todos os ingredientes no liquidificador e bata-os até formar uma massa uniforme.
2. Vá fazendo os crepes em uma frigideira previamente untada com a margarina light. Reserve.
3. Lave bem os cogumelos secos e deixe de molho na água por uns 15 minutos.
4. Retire os cogumelos, corte-os em pedacinhos e coe a água. Reserve.
5. Coloque numa panela o óleo, o alho e o peito de peru. Frite em fogo baixo até o alho começar a dourar.
6. Junte os cogumelos frescos misturados com a farinha de trigo e refogue, mexendo constantemente por 5 minutos.
7. Acrescente o creme de leite, os cogumelos secos e a água reservada. Mexa até começar a ferver e engrossar.
8. Adicione suco de limão e tempere a gosto.
9. Coloque o recheio no meio da massa. Dobre uma das pontas para cima. Dobre a outra ponta, formando um pacotinho. Depois vire o lado das dobras para baixo.

Rendimento: 20 crepes

INFORMAÇÃO NUTRICIONAL		
Porção de 300g – 1 prato 300g		
	Qtde	VD(*)
Valor energético	114kcal – 476KJ	6
Carboidratos	11g	4
Proteínas	6,6g	9
Gorduras totais	5,0g	9
Gorduras saturadas	2,6g	12
Gorduras trans	Zero	0
Fibra alimentar	0,71g	3
Sódio	267mg	11

PENNE COM TOMATE SECO E RÚCULA

A rúcula é rica em vitamina C, cálcio, ácido fólico, betacaroteno e potássio.

Ingredientes
500g de macarrão tipo penne grano duro
2 xícaras (chá) de tomate seco light picado
4 xícaras (chá) de rúcula picada
200g de mussarela de búfala picada
Pimenta calabresa a gosto
1g de sal light

Modo de preparo
1. Numa travessa, misture o tomate seco, a rúcula picada e a mussarela.
2. Tempere com a pimenta calabresa e o sal. Reserve.

3. Cozinhe a massa até ficar al dente. Escorra rapidamente.
4. Coloque na travessa com os ingredientes e misture tudo.
5. Sirva em seguida.

Dica: a rúcula pode ser substituída por manjericão.
Rendimento: 6 porções

INFORMAÇÃO NUTRICIONAL		
Porção de 300g – 1 prato 300g		
	Qtde	VD(*)
Valor energético	381kcal – 1596kJ	19
Carboidratos	54g	18
Proteínas	17g	23
Gorduras totais	11g	19
Gorduras saturadas	Zero	0
Gorduras trans	Zero	0
Fibra alimentar	2,6g	11
Sódio	2,1mg	0

NHOQUES DE ABÓBORA AO ALECRIM E COGUMELOS

A abóbora é rica em vitamina A, betacaroteno, fibras e potássio, que tem um papel importante para o relaxamento muscular e para a secreção de insulina através do pâncreas. Em caso de carências, a falta de potássio pode causar problemas de ritmo cardíaco e debilidade muscular.

INGREDIENTES PARA O NHOQUE
260g de batata
1 folha de louro
Grãos de pimenta-do-reino a gosto
2 alhos inteiros
260g de moranga
Sal grosso
2 colheres (sopa) de azeite de oliva extravirgem
4 colheres (sopa) cheias de farinha de trigo
2 colheres (sopa) cheias de amido de milho
1 ovo
50g de queijo pecorino ralado
Alecrim picado a gosto
Casca ralada de 1 limão
Noz-moscada e pimenta-do-reino a gosto
Sal light

INGREDIENTES PARA OS COGUMELOS
60g de abobrinha
60g de cogumelos paris
2 colheres (sopa) de azeite de oliva extravirgem
Sal light
Pimenta-do-reino a gosto

INGREDIENTES PARA SERVIR
25g de margarina light
5 colheres (sopa) de caldo de carne (ver página 33)
2 colheres (sopa) de extrato de tomate
1 colher (sopa) de queijo pecorino ralado
1 colher (sopa) de alecrim picado
Sal light
Pimenta-do-reino a gosto

MODO DE PREPARO DO NHOQUE

1. Lave a batata e cozinhe, com a casca, em água temperada com o sal, o louro, a pimenta em grão e o alho.
2. Descasque a moranga, corte-a em pedaços e tempere com sal grosso.
3. Cozinhe em uma panela com azeite, sem adicionar água, até desmanchar.
4. Bata a abóbora no liquidificador.
5. Esprema a batata e misture-a com a abóbora, a farinha, o amido de milho, o ovo, o queijo pecorino, o alecrim, a casca de limão, o sal, a pimenta e a noz-moscada, amassando bem.
6. Forme rolinhos com a massa e corte em pedacinhos no formato de nhoque.

MODO DE PREPARO DOS COGUMELOS

1. Corte a abobrinha e os cogumelos em tiras pequenas.
2. Refogue os cogumelos com azeite numa frigideira. Adicione a abobrinha.
3. Tempere com sal e pimenta e refogue por mais alguns minutos.

MONTAGEM:

1. Cozinhe os nhoques aos poucos com água fervente e sal.
2. Quando subirem à superfície, retire-os com uma escumadeira.
3. Coloque numa frigideira a margarina light, o nhoque cozido, o caldo, o extrato de tomate, o queijo pecorino e o alecrim.

4. Salteie rápida e delicadamente.
5. Coloque o nhoque em pratos individuais e, no centro, disponha os cogumelos e a abobrinha.
6. Decore com um ramo de alecrim.

RENDIMENTO: 6 porções

INFORMAÇÃO NUTRICIONAL		
Porção de 300g – 1 prato 300g		
	Qtde	VD(*)
Valor energético	349kcal – 1460KJ	17
Carboidratos	45g	15
Proteínas	16g	22
Gorduras totais	12g	21
Gorduras saturadas	6,0g	27
Gorduras trans	Zero	0
Fibra alimentar	3,5g	14
Sódio	543mg	23

MASSAS TRADICIONAIS

FETTUCCINE À CARBONARA

Esta receita é energética e ótima fonte de proteína, pois contém ovo, que é rico em ferro, e lombinho, rico em vitamina B e zinco.

INGREDIENTES
400g de fettuccine al dente
300g de lombinho magro defumado em cubinhos
2 gemas de ovo
2 colheres (sopa) de parmesão ralado light
2 colheres (sopa) de salsinha picada
200ml de creme de leite light
Sal light (se necessário)
Azeite de oliva extravirgem

MODO DE PREPARO
1. Refogue o lombinho com um pouco de azeite até ficar dourado e reserve.
2. Cozinhe a massa em uma caçarola grande com água em abundância.
3. Em outra panela, aqueça o creme de leite, as gemas e o parmesão com uma colher de salsinha. Corrija o sal se necessário.
4. Misture o molho à massa. Salpique com o lombinho e finalize com a salsinha.

RENDIMENTO: 4 porções

INFORMAÇÃO NUTRICIONAL		
Porção de 250g – 1 prato 205g		
	Qtde	VD(*)
Valor energético	396kcal – 1655kJ	20
Carboidratos	47g	16
Proteínas	21g	27
Gorduras totais	14g	26
Gorduras saturadas	5,4g	25
Gorduras trans	Zero	0
Fibra alimentar	2,4g	10
Sódio	614mg	26

NHOQUE AO MOLHO PESTO

As nozes são ricas em ácido elágico, um importante antioxidante que pode inibir o crescimento de células cancerígenas. Assim como as castanhas, as nozes também contêm ômega 3, gordura que diminui os níveis de colesterol ruim (LDL) e aumenta o colesterol bom (HDL).

INGREDIENTES
1kg de batatas
250g de farinha de trigo integral
1 ovo
Noz-moscada a gosto
Pitada de sal light
1 maço de manjericão fresco (só as folhas)
1 pacotinho de queijo parmesão ralado light
30g de queijo pecorino
3 colheres (sopa) de nozes e/ou castanhas moídas

100ml (½ copo) de azeite de oliva extravirgem
2 dentes de alho picados

Modo de preparo

1. Cozinhe as batatas e passe-as no espremedor. Deixar esfriar.
2. Junte a farinha, o ovo, a noz-moscada, o sal e o parmesão. Misture bem.
3. Sobre a mesa enfarinhada, faça 3 rolos finos de massa e corte com uma faca os nhoques (cerca de 2 centímetros).
4. Role rapidamente cada nhoque na farinha e jogue-os aos poucos numa panela funda com água fervente.
5. Quando os nhoques subirem à superfície estarão cozidos.
6. Retire-os com uma escumadeira e coloque-os numa travessa.
7. Bata no liquidificador o pecorino, o manjericão, as castanhas, o alho e o azeite de oliva extravirgem. Misture aos nhoques ainda quentes.

Rendimento: 8 porções

INFORMAÇÃO NUTRICIONAL		
Porção de 250g – 1 prato 250g		
	Qtde	VD(*)
Valor energético	358kcal – 1499kJ	18
Carboidratos	42g	14
Proteínas	9,4g	13
Gorduras totais	17g	31
Gorduras saturadas	3,6g	16
Gorduras trans	Zero	0
Fibra alimentar	7,2g	29
Sódio	119mg	5

NHOQUES DA FORTUNA

A batata é um importante carboidrato. Ela fornece energia rapidamente e é fonte de vitamina C e B6.

INGREDIENTES
1kg de batata
1 colher (sopa) de margarina light
2 gemas
3 colheres (sopa) de leite desnatado
Farinha de trigo integral
100g de queijo ralado light

MODO DE PREPARO
1. Cozinhe as batatas, amassando-as ainda quentes com um garfo.
2. Acrescente os demais ingredientes, com exceção da farinha de trigo integral.
3. Misture bem, até obter uma massa homogênea.
4. Junte a farinha de trigo, aos poucos, até a massa despregar das mãos.
5. Separe a massa em partes e faça rolinhos compridos, cortando-os em pedacinhos com uma faca.
6. Ferva água com sal light numa panela separada e despeje, aos poucos, a massa já cortada nessa água fervente. Aguarde até que boiem. Recolha os nhoques com uma escumadeira e reserve-os.

7. Escolha um molho de sua preferência. Num refratário, coloque o nhoque, o molho e o queijo ralado light, alternando as camadas. Leve ao forno quente até que o queijo derreta.

RENDIMENTO: 8 porções

INFORMAÇÃO NUTRICIONAL		
Porção de 300g – 1 prato 300g		
	Qtde	VD(*)
Valor energético	282kcal – 1179kJ	14
Carboidratos	50g	17
Proteínas	8,6g	11
Gorduras totais	5,1g	9
Gorduras saturadas	1,4g	6
Gorduras trans	Zero	0
Fibra alimentar	8,6g	34
Sódio	38mg	2

NHOQUE DE BATATA COM MOLHO DE TOMATE E MANJERICÃO

O tomate é considerado um alimento funcional, pois é rico em licopeno, substância responsável por proteger contra determinados tipos de câncer.

INGREDIENTES
275g de farinha de trigo integral
2 ovos
900g de batatas
1g de sal light

2 colheres (sopa) de margarina light sem sal (40g)

INGREDIENTES PARA O MOLHO
2 cebolas raladas (150g)
2 dentes de alho picados (6g)
2 cenouras picadas (150g)
100ml de azeite de oliva extravirgem (1/3 de xícara)
2kg de tomates maduros, sem sementes, cortados em 4 partes
Manjericão a gosto
½ xícara de açúcar light (100g)
Noz-moscada a gosto

MODO DE PREPARO
1. Cozinhe as batatas com casca até que estejam macias. Escorra-as e descasque-as assim que possível. Esmague-as.
2. Junte às batatas a farinha, os ovos, o sal light e a margarina. Misture tudo delicadamente até formar uma massa lisa. Cozinhe em fogo baixo por 8 minutos. Deixe a massa esfriar, molde os nhoques e reserve. Cozinhe em água fervente na hora de servir e passe-os na margarina.
3. Aqueça o azeite em uma panela funda, junte o alho e a cebola e refogue bem.
4. Acrescente a cenoura e refogue lentamente. Junte os tomates, o manjericão, o açúcar e a noz-moscada. Cozinhe em fogo baixo por cerca de 1 hora, se necessário acrescente um pouquinho de água.

5. Passe o molho em um passador de legumes ou pulse no processador e coe. Acerte o sal (se necessário).
6. Aqueça bem o molho, junte os nhoques. Sirva em uma travessa, decorado com folhas de manjericão e lascas de parmesão light.

RENDIMENTO: 10 porções

INFORMAÇÃO NUTRICIONAL		
Porção de 300g – 1 prato 300g		
	Qtde	VD(*)
Valor energético	256kcal – 1070kJ	13
Carboidratos	43g	14
Proteínas	6,8g	9
Gorduras totais	6,1g	11
Gorduras saturadas	1,2g	5
Gorduras trans	Zero	0
Fibra alimentar	7,2g	29
Sódio	65mg	3

LASANHA BOLONHESA

Cravo: previne a formação de coágulos.
Canela: alivia gases e inchaços.
Noz-moscada: propriedades antibacterianas.

1 pacote de massa para lasanha resfriada

INGREDIENTES DO MOLHO
1 colher (sopa) de azeite de oliva extravirgem (10ml)
1 cebola média bem picada (70g)

2 dentes de alho picados (6g)
½ cenoura ralada (50g)
500g de coxão mole moído
1g de sal light
Pimenta-do-reino a gosto moída na hora
Vinho tinto seco (100ml)
1 colher (sopa) de extrato de tomate (20g)
½ copo (americano) de água (150ml)
½ litro de leite desnatado (500ml)
3 cravos bem picados
1 pitada de canela
Noz-moscada ralada a gosto
1 pacotinho de queijo parmesão light ralado (50g)

Ingredientes do molho bechamel
2 colheres (sopa) de margarina light sem sal
100g de farinha de trigo (5 colheres de sopa)
1 litro de leite desnatado
1g de sal light

Modo de preparo
1. Numa panela com o azeite, doure a cebola, o alho e a cenoura.
2. Adicione a carne. Tempere com o sal light e a pimenta-do-reino. Deixe cozinhar por 10 minutos aproximadamente.
3. Acrescente o vinho tinto e o extrato de tomate diluído em água. Deixe cozinhar por mais 10 minutos.
4. Adicione o ½ litro de leite e o restante dos temperos. Diminua o fogo e deixe cozinhar por aproximadamente 1 hora.

5. Em outra panela, dissolva a margarina e a farinha de trigo. Quando levantar fervura, adicione lentamente o leite.
6. Tempere com sal, diminua o fogo e mexa sempre para não grudar.
7. Reserve 2 xícaras (chá) deste molho para cobertura da lasanha.
8. Monte a lasanha, cobrindo o refratário com um pouquinho do molho bechamel e por último termine com as 2 xícaras que foram reservadas.
9. Salpique queijo parmesão light e leve ao forno até dourar.

Rendimento: 10 porções

INFORMAÇÃO NUTRICIONAL		
Porção de 300g – 1 prato 300g		
	Qtde	VD(*)
Valor energético	340kcal – 1421kJ	17
Carboidratos	45g	15
Proteínas	22g	29
Gorduras totais	8,2g	15
Gorduras saturadas	2,5g	11
Gorduras trans	Zero	0
Fibra alimentar	1,2g	5
Sódio	148mg	6

PENNE AO MOLHO ITALIANO

A azeitona preta é rica em gorduras monoinsaturadas, que beneficiam os níveis de colesterol bom e diminuem os níveis de colesterol ruim.

INGREDIENTES

1 pacote de macarrão tipo penne grano duro
500g de tomate maduro sem pele
200g de peito de peru defumado em cubinhos
2 colheres (sopa) de azeitonas pretas
2 cebolas
2 dentes de alho picados
2 pimentas dedo-de-moça picadas
1 colher (sopa) de orégano
2 colheres (sopa) de azeite
Salsa picada a gosto
1g sal light a gosto

MODO DE PREPARO

1. Corte os tomates em pedaços.
2. Em uma frigideira, adicione o azeite, a cebola e o alho e refogue o peito de peru.
3. Em seguida, acrescente os pedaços de tomate, as azeitonas, o orégano, a salsinha, a pimenta dedo-de-moça e o sal.
4. Cozinhe o penne até ficar al dente.
5. Misture a massa ao molho e sirva.

RENDIMENTO: 6 porções

INFORMAÇÃO NUTRICIONAL		
Porção de 300g – 1 prato 300g		
	Qtde	VD(*)
Valor energético	367kcal – 1535kJ	18
Carboidratos	56g	19
Proteínas	18g	24
Gorduras totais	7,8g	14
Gorduras saturadas	0,74g	3
Gorduras trans	Zero	0
Fibra alimentar	4,3g	17
Sódio	273mg	11

TRADICIONAL ESPAGUETE AO ALHO E ÓLEO

Receita que oferece o melhor das propriedades do alho e do azeite de oliva. Ambos protegem o organismo contra doenças cardiovasculares.

Ingredientes
500g de espaguete grano duro
10 dentes de alho
½ xícara de azeite de oliva extravirgem
Salsa a gosto
1 pacotinho de queijo parmesão

Modo de preparo
1. Cozinhe o espaguete até ficar al dente.
2. Enquanto isso, leve ao fogo uma frigideira com o azeite de oliva e o alho picado em rodelas.

3. Quando começar a ficar com uma bonita cor dourada, junte um punhado de salsa picadinha e retire imediatamente do fogo.
4. Despeje este molho por cima do macarrão bem quente. Finalize com um fio de azeite de oliva cru.
5. Sirva com o queijo parmesão ralado.

RENDIMENTO: 6 porções

INFORMAÇÃO NUTRICIONAL		
Porção de 300g – 1 prato 300g		
	Qtde	VD(*)
Valor energético	380kcal – 1590KJ	19
Carboidratos	58g	19
Proteínas	13g	17
Gorduras totais	11g	20
Gorduras saturadas	2,8g	13
Gorduras trans	Zero	0
Fibra alimentar	3,1g	13
Sódio	150mg	6

MASSAS ESPECIAIS

ESPAGUETE COM LIMÃO

Prato energético, rico em vitamina C.

INGREDIENTES
500g de espaguete grano duro
Raspas da casca de 1 limão
4 colheres (sopa) de suco de limão (40ml)
4 colheres (sopa) de farinha de rosca (40g)
2 colheres (sopa) de alcaparras (20g)
2 colheres (sopa) de uva passa (20g)
3 colheres (sopa) de salsa (20g)
½ xícara (chá) de azeite de oliva extravirgem (50ml)
5 dentes de alho (15g)

MODO DE PREPARO
1. Coloque o macarrão para cozinhar.
2. Pique a alcaparra, a salsa, a uva passa e o alho.
3. Coloque o azeite numa panela e aqueça bem.
4. Desligue o fogo e coloque o alho para dourar.
5. Junte a alcaparra, a salsa, a uva passa, as raspas, o suco de limão e uma concha de água do macarrão cozido e misture.
6. Jogue a farinha de rosca por cima da massa e sirva em seguida.

RENDIMENTO: 6 porções

INFORMAÇÃO NUTRICIONAL		
Porção de 250g – 1 prato 250g		
	Qtde	VD(*)
Valor energético	363kcal – 1517kJ	18
Carboidratos	61g	20
Proteínas	10g	13
Gorduras totais	8,7g	16
Gorduras saturadas	1,5g	7
Gorduras trans	Zero	0
Fibra alimentar	2,9g	12
Sódio	4,4mg	0

ESPAGUETE MADONNA MIA

Prato que é fonte de cálcio e sais minerais, além de ser energético.

INGREDIENTES
200g de espaguete grano duro
60g de funghi fresco (3 colheres)
50g de queijo gorgonzola
1colher (chá) de margarina light (10g)
1g de sal light
Pimenta-do-reino a gosto

MODO DE PREPARO
1. Lave o funghi e corte-o em lâminas não muito finas.
2. Em uma frigideira, derreta a margarina light e coloque o queijo gorgonzola para derreter.
3. Acrescente as lâminas de funghi. Tempere e reserve.

4. Cozinhe o espaguete até ficar al dente.
5. Misture na frigideira o molho e a massa.

Rendimento: 4 porções

INFORMAÇÃO NUTRICIONAL		
Porção de 250g – 1 prato 250g		
	Qtde	VD(*)
Valor energético	372kcal – 1557kJ	19
Carboidratos	59g	20
Proteínas	12g	16
Gorduras totais	9,9g	18
Gorduras saturadas	3,4g	16
Gorduras trans	Zero	0
Fibra alimentar	1,9g	8
Sódio	306g	13

ESPAGUETE VACANZE

O queijo mussarela de búfala é rico em cálcio e proteína, além de ser fonte de vitamina B12.

Ingredientes
1 pacote de espaguete grano duro (500g)
2 colheres (sopa) de vinagre balsâmico (20ml)
1 colher (sopa) de azeite de oliva extravirgem (10ml)
2g de sal light
1 pacote de mussarela de búfala em bolas (200g)
4 maços de manjericão (120g)
12 tomates-cereja (120g)

Modo de preparo

1. Numa tigela, coloque os tomates-cereja, as folhas de manjericão e a mussarela com azeite de oliva. Tempere com sal e um pouquinho de vinagre balsâmico.
2. Cozinhe o espaguete em água fervente abundante.
3. Leve a massa bem quente para o prato e coloque a salada por cima em seguida.
4. Sirva.

Rendimento: 6 Porções

INFORMAÇÃO NUTRICIONAL		
Porção de 250g – 1 prato 250g		
	Qtde	VD(*)
Valor energético	364kcal – 1523kJ	18
Carboidratos	55g	18
Proteínas	15g	20
Gorduras totais	9,5g	17
Gorduras saturadas	0,43g	2
Gorduras trans	Zero	0
Fibra alimentar	2,6g	10
Sódio	1,4mg	0

ESPIRAIS COM MOLHO FRESCO DE VERÃO

A anchova é rica em ômega 3 – ácido graxo essencial na alimentação, pois nosso organismo praticamente não o produz. O ômega 3 é imprescindível para proteger nosso organismo contra doenças.

INGREDIENTES

- 1kg de tomates maduros, sem pele nem sementes (10 unidades)
- 2 latas de anchova em conserva (200g)
- 50g de azeitonas pretas picadas, sem caroço (4 colheres de sopa)
- 3 colheres (sopa) de alcaparras escorridas (30g)
- 1 molho de salsa picada (50g)
- 3 dentes de alho picados (9g)
- 1 colher (chá) de molho de pimenta vermelha (2ml)
- 1g de sal light
- ½ xícara de azeite de oliva (100ml)
- 500g de macarrão espiral (1 pacote)
- 50g de queijo parmesão light ralado (1 pacotinho)

MODO DE PREPARO

1. Pique os tomates em cubinhos, coloque-os em uma tigela e junte as anchovas, as azeitonas, as alcaparras, a salsa, o alho, o molho de pimenta e o azeite. Tempere com sal e deixe marinar por 45 minutos.
2. Cozinhe o macarrão em bastante água fervente, até ficar al dente.
3. Escorra e misture ao molho.
4. Sirva imediatamente, polvilhando com queijo parmesão.

RENDIMENTO: 8 porções

INFORMAÇÃO NUTRICIONAL		
Porção de 250g – 1 prato 250g		
	Qtde	VD(*)
Valor energético	375kcal – 1568kJ	19
Carboidratos	46g	15
Proteínas	9,7g	13
Gorduras totais	17g	31
Gorduras saturadas	1,9g	9
Gorduras trans	Zero	0
Fibra alimentar	3,6g	14
Sódio	10mg	0

FETTUCCINE SAN DANIELE

O aspargo verde é rico em fibras e ácido fólico (nutriente responsável pela produção de DNA, RNA e glóbulos vermelhos).

Ingredientes
500g de talharim grano duro (1 pacote)
30g de margarina light (1 colher)
250g de aspargos verdes
100g de presunto magro
4 folhas de sálvia
1 caixinha de creme de leite light (300g)
4 colheres (sopa) de parmesão ralado light (40g)
Pimenta-do-reino moída na hora (a gosto)

Modo de preparo
1. Em uma caçarola, refogue os aspargos e a sálvia na margarina light. Reserve.
2. Volte a caçarola ao fogo, adicione o creme de leite e cozinhe por 5 minutos.

3. Enquanto isso, cozinhe o talharim.
4. Adicione o molho da caçarola.
5. Cubra o prato de macarrão com tiras largas de presunto.
6. Cubra com o parmesão.

Rendimento: 6 porções

INFORMAÇÃO NUTRICIONAL		
Porção de 250g – 1 prato 250g		
	Qtde	VD(*)
Valor energético	368kcal – 1540kJ	18
Carboidratos	51g	17
Proteínas	16g	21
Gorduras totais	11g	21
Gorduras saturadas	5,2g	24
Gorduras trans	Zero	0
Fibra alimentar	2,7g	11
Sódio	421mg	18

NHOQUE DE QUINUA

A quinua é um cereal originário da Bolívia. Altamente nutritivo, é usado pela NASA para alimentação dos astronautas. É considerado tão nutritivo quanto o leite materno.

Ingredientes
170g de farinha de quinua
1 xícara de espinafre cozido e picado
1 pacotinho de queijo parmesão light ralado
1 colher (sopa) de azeite de oliva extravirgem

2 xícaras de água
Sal light

MODO DE PREPARO

1. Ferva a água e junte a farinha de quinua, mexendo continuamente. Deixe cozinhar até que fique bem espessa.
2. Retire do fogo e adicione o espinafre refogado em água e bem picado. Misture bem.
3. Abra a massa em 2cm de largura sobre uma superfície lisa. Depois de fria, molde bolinhas no formato de nhoques.
4. Coloque numa forma, polvilhe com parmesão e regue com azeite de oliva.
5. Deixe gratinar no forno bem quente.
6. Se quiser, escolha um molho de sua preferência e coloque sobre os nhoques depois de gratinados.

RENDIMENTO: 3 porções

INFORMAÇÃO NUTRICIONAL		
Porção de 250g – 1 prato 250g		
	Qtde	VD(*)
Valor energético	354kcal – 1481kJ	18
Carboidratos	43g	14
Proteínas	20g	27
Gorduras totais	11g	20
Gorduras saturadas	3,7g	17
Gorduras trans	Zero	0
Fibra alimentar	9,2g	37
Sódio	352mg	15

FARFALLE À PARISIENSE

A ervilha natural é rica em pectina, um tipo de fibra solúvel que auxilia na redução do colesterol ruim (LDL).

INGREDIENTES
250g de macarrão tipo farfalle grano duro
1 litro de leite desnatado
3 colheres (sopa) de farinha de trigo integral (30g) dissolvidas em ½ xícara de leite
1 colher (sopa) de margarina light sem sal (20g)
1g de sal light
100g de blanquet de peru picado em tiras finas
½ peito de frango pequeno desfiado (sem osso e sem pele)
½ xícara de chá de ervilhas naturais (100g)
½ lata de creme de leite light (150g)
1 pacotinho de queijo parmesão ralado light (50g)

MODO DE PREPARO
1. Leve o leite ao fogo e deixe aquecer bem.
2. Junte a margarina light e a farinha de trigo, já dissolvida.
3. Tempere com sal. Junte o peito de frango, o blanquet e a ervilha. Acrescente o creme de leite e desligue o fogo.
4. Cozinhe o macarrão al dente em litros de água fervente.
5. Sirva sobre o macarrão, polvilhando o parmesão light.

Rendimento: 8 porções

INFORMAÇÃO NUTRICIONAL		
Porção de 250g – 1 prato 250g		
	Qtde	VD(*)
Valor energético	297kcal – 1242kJ	15
Carboidratos	34g	11
Proteínas	23g	31
Gorduras totais	7,3g	13
Gorduras saturadas	4,1g	19
Gorduras trans	Zero	0
Fibra alimentar	2,4g	10
Sódio	420mg	17

LASANHA DO DIA SEGUINTE

O curry e o urucum possuem propriedades antioxidantes que previnem o envelhecimento precoce e a oxidação das artérias.

Ingredientes

200g de peito de peru defumado em cubos
1 cebola picada (100g)
2 dentes de alho picados (6g)
1 pimentão verde em cubinhos sem sementes (100g)
100g de cogumelos de Paris em cubos
300g de carne moída magra
4 tomates em cubos sem pele e sem sementes (300g)
1 colher de sopa de extrato de tomate (20g)
300g de molho de tomate

½ colher (sopa) de curry (2g)
½ colher (sopa) de urucum (2g)
1g de sal light
Pimenta-do-reino moída na hora a gosto
Salsa picada a gosto
200g de ricota light
100g creme de leite light (½ caixinha)
1 ovo
1 pacote de massa para lasanha resfriada
200g de mussarela light fatiada ou ralada
100g de queijo parmesão light ralado (2 pacotinhos)

MODO DE PREPARO

1. Toste o peito de peru numa panela totalmente seca e adicione a cebola, o alho, o pimentão verde e os cogumelos. Refogue.
2. Adicione o curry e o urucum. Acrescente a carne moída e deixe secar.
3. Junte os tomates, o extrato e o molho de tomate. Tempere com sal, pimenta e salsa. Deixe cozinhar em fogo baixo por 30 minutos no mínimo.
4. Enquanto isso, misture a ricota, o creme de leite, o ovo, o sal, a pimenta e a salsa.
5. Coloque parte do molho da carne moída num refratário. Cubra com a massa.
6. Adicione a mistura de ricota, a mussarela ralada, o queijo parmesão ralado e outra camada de massa. Repita duas vezes a sequência. Termine com o queijo mussarela.
7. Tampe com papel de alumínio e asse por 40 minutos no forno a 180ºC.

8. Retire o papel e deixe gratinar.

RENDIMENTO: 10 porções

INFORMAÇÃO NUTRICIONAL		
Porção de 300g – 1 prato 300g		
	Qtde	VD(*)
Valor energético	388kcal – 1625kJ	19
Carboidratos	36g	12
Proteínas	27g	36
Gorduras totais	15g	27
Gorduras saturadas	8,0g	36
Gorduras trans	Zero	0
Fibra alimentar	1,2g	5
Sódio	698mg	29

MACARRÃO MEDITERRÂNEO

A cozinha mediterrânea é conhecida por usar legumes variados e ingredientes com gorduras benéficas, que previnem e tratam doenças como as cardiovasculares, por exemplo.

INGREDIENTES
2 abobrinhas médias cortadas em rodelas finas
1 cebola picada
2 dentes de alho picados
6 tomates sem pele nem sementes
1 copo de vinho branco seco
2 latas de anchovas em conserva
3 colheres (sopa) de azeitonas pretas picadas
2 colheres (sopa) de orégano

½ pacote de talharim grano duro
1 pacotinho de queijo parmesão ralado light
Sal light
Pimenta-do-reino a gosto moída na hora

MODO DE PREPARO

1. Pique as abobrinhas em cubos pequenos. Reserve.
2. Doure a cebola e o alho no óleo da anchova. Deixe dourar levemente.
3. Junte os tomates e o vinho e refogue por uns 8 minutos.
4. Acrescente a abobrinha reservada, as anchovas, as azeitonas e o orégano, mexendo sem parar por 5 minutos.
5. Despeje sobre o talharim escorrido e polvilhe com queijo.
6. Sirva quente.

RENDIMENTO: 6 porções

INFORMAÇÃO NUTRICIONAL Porção de 250g – 1 prato 250g		
	Qtde	VD(*)
Valor energético	388kcal – 1622kJ	19
Carboidratos	31g	10
Proteínas	16g	21
Gorduras totais	22g	40
Gorduras saturadas	1,6g	7
Gorduras trans	Zero	0
Fibra alimentar	2,9g	12
Sódio	134mg	6

FETTUCCINE AO MOLHO DE ANCHOVAS E ALCAPARRAS

As alcaparras auxiliam na digestão, no apetite e são calmantes, mas têm muito sódio, o que pode aumentar a pressão e reter líquidos. Então cuidado na quantidade usada nas suas receitas!

Ingredientes
2 latas de tomates pelados
1 cebola média picada
6 filés de anchova
2 colheres (sopa) de alcaparras
Azeite
500g de fettuccine
Sal
Pimenta

Modo de preparo
1. Retire as sementes dos tomates e bata-os no liquidificador ou no processador.
2. Coloque o tomate batido em uma frigideira funda e leve-a ao fogo para reduzir por aproximadamente 5 minutos.
3. Bata no liquidificador as anchovas, as alcaparras, a cebola e o azeite.
4. Acrescente essa pasta ao tomate reduzido e tempere com pimenta a gosto.
5. Cozinhe a massa até que esteja al dente. Escorra-a e coloque-a na frigideira com o molho. Misture bem.

6. Sirva decorado com folhas de salsa.

RENDIMENTO: 6 porções

INFORMAÇÃO NUTRICIONAL Porção de 250g – 1 prato 250g		
	Qtde	VD(*)
Valor energético	360kcal – 1507kJ	18
Carboidratos	28g	9
Proteínas	15g	19
Gorduras totais	21g	38
Gorduras saturadas	Zero	0
Gorduras trans	Zero	0
Fibra alimentar	2,0g	8
Sódio	92mg	4

PENNE INTEGRAL COM KANI E PETIT-POIS

Kani kama é um preparado de carne de caranguejo com pouquíssimas calorias. Rico em iodo, ele é importante para produzir hormônios da tireoide e contém vitamina E, um poderoso antioxidante.

INGREDIENTES PARA O MOLHO
1 xícara de suco de limão
½ xícara de óleo de oliva extravirgem
2 xícaras de cebolinha cortada em rodelas finas
1 colher (sopa) de açúcar light
1 colher (sopa) de sal light
2 colheres (sopa) de orégano fresco

INGREDIENTES PARA A SALADA

250g de penne integral
1 xícara de tomates sem sementes cortados em cubos pequenos
½ xícara de ervilhas naturais
250g de kani cortado enviesado

MODO DE PREPARO

1. Em uma panela funda, coloque a massa para cozinhar até que fique al dente.
2. Enquanto isso, em uma bacia grande, junte os ingredientes do molho e mexa bem com um batedor manual.
3. Junte os legumes, envolvendo-os com esse molho.
4. Assim que estiver no ponto, escorra a massa e deixe que esfrie um pouco.
5. Junte o molho aos legumes com kani.
6. Deixe resfriar na geladeira em um vasilhame tampado 30 minutos antes de servir.

RENDIMENTO: 6 porções

INFORMAÇÃO NUTRICIONAL		
Porção de 300g – 1 prato 300g		
	Qtde	VD(*)
Valor energético	382kcal – 1598kJ	19
Carboidratos	40g	13
Proteínas	14g	19
Gorduras totais	18g	33
Gorduras saturadas	2,6g	12
Gorduras trans	Zero	0
Fibra alimentar	3,1g	12
Sódio	63mg	3

PENNE INTEGRAL AO PESTO DE TOMATES E ANCHOVAS

O macarrão integral tem um teor maior de fibras, que auxiliam na saciedade e no bom funcionamento do intestino. As fibras ainda evitam que a taxa de açúcar no sangue se altere bruscamente.

INGREDIENTES PARA O MOLHO
3 xícaras de extrato de tomate
2 xícaras de salsa cortada
2 xícaras de manjericão
1 colher (sopa) de alho descascado e picado miúdo
2 colheres (sopa) de sal light
2 colheres (sopa) de azeite de oliva extravirgem
1 lata de anchovas

INGREDIENTES PARA A SALADA
500g de massa penne integral
250g de tomate, sem pele e semente, cortado em cubos pequenos
250g de tomate seco light, em tirinhas
100g de queijo provolone cortado em tirinhas
3 xícaras de folhas de alfavaca cortadas em tirinhas para decorar

MODO DE PREPARO
1. Em uma panela funda, cozinhe a massa até ficar al dente.

2. Bata no liquidificador todos os ingredientes do molho até obter um creme homogêneo. Coloque numa vasilha grande.
3. Assim que a massa estiver no ponto, retire-a da panela, escorra-a bem e coloque-a dentro do molho para tomar gosto por 15 minutos.
4. Junte os tomates em cubos, o tomate seco e o queijo provolone. Enfeite com as folhas de alfavaca inteiras.

RENDIMENTO: 8 porções

INFORMAÇÃO NUTRICIONAL		
Porção de 300g – 1 prato 300g		
	Qtde	VD(*)
Valor energético	355kcal – 1484kJ	18
Carboidratos	45g	15
Proteínas	14g	18
Gorduras totais	14g	25
Gorduras saturadas	2,2g	10
Gorduras trans	Zero	0
Fibra alimentar	2,6g	10
Sódio	107g	4

ESPAGUETE AO ALHO E ÓLEO PEPEROTINO

O azeite de oliva é muito conhecido atualmente, mas poucas pessoas sabem que o extravirgem é a melhor opção, pois ele vem da primeira prensa das azeitonas. É rico em fitoquímicos, que combatem doenças cardiovasculares, e vitamina E, antioxidante que "limpa" o colesterol das artérias. Mas tome cuidado com a quantidade usada, pois ele tem as mesmas calorias que qualquer outro óleo, ou seja, 900kcal/100ml.

INGREDIENTES

300g de espaguete grano duro
4 dentes de alho picado
2 pimentas-malaguetas sem miolo picadas
1 colher (sopa) de azeite de oliva extravirgem
1g de sal light
Salsinha a gosto
½ pacotinho de queijo parmesão ralado light

MODO DE PREPARO

1. Cozinhe a massa até ficar al dente.
2. Em uma frigideira, coloque o azeite, o alho e a pimenta, refogue por alguns minutos.
3. Adicione a massa na frigideira. Tempere com uma pitada de sal light.
4. Finalize com salsinha e o parmesão light.

RENDIMENTO: 3 porções

INFORMAÇÃO NUTRICIONAL		
Porção de 300g – 1 prato 300g		
	Qtde	VD(*)
Valor energético	346kcal – 1449kJ	17
Carboidratos	56g	19
Proteínas	13g	18
Gorduras totais	7,6g	14
Gorduras saturadas	3,1g	14
Gorduras trans	Zero	0
Fibra alimentar	2,4g	10
Sódio	28	1

TALHARIM AO MOLHO DE NOZES

As nozes são frutas oleaginosas ricas em ácido fólico, vitaminas B e E, minerais como ferro, cálcio e selênio, entre outros. Mas tome cuidado com a quantidade ingerida, pois 100g contêm em torno de 600kcal!

INGREDIENTES
1 pacote de talharim grano duro
3 colheres (sopa) de margarina light
1 cebola bem picadinha
2 dentes de alho amassados
3 colheres (sopa) de amido de milho
3 xícaras (chá) de leite desnatado
1g de sal light
Pimenta-do-reino
10 a 12 nozes picadas
½ xícara (chá) de queijo parmesão light ralado

MODO DE PREPARO
1. Cozinhe o macarrão até ficar al dente.
2. Aqueça a margarina e doure a cebola e o alho.
3. Acrescente o amido de milho dissolvido no leite.
4. Tempere com sal e pimenta-do-reino. Mexa até levantar fervura e tire do fogo.
5. Junte as nozes e o queijo e misture bem.
6. Leve novamente ao fogo e deixe por 1 minuto.
7. Escorra bem o macarrão e despeje numa travessa.

8. Regue com o molho, misture, polvilhe com queijo parmesão, leve ao forno para gratinar um pouco e sirva.

Rendimento: 8 porções

INFORMAÇÃO NUTRICIONAL		
Porção de 300g – 1 prato 300g		
	Qtde	VD(*)
Valor energético	389kcal – 1626KJ	19
Carboidratos	50g	17
Proteínas	15g	20
Gorduras totais	14g	26
Gorduras saturadas	2,6g	12
Gorduras trans	Zero	0
Fibra alimentar	2,6g	10
Sódio	201mg	8

TALHARIM AO MOLHO DE CHAMPANHE

A cebola é considerada um alimento funcional. Ela auxilia na redução dos níveis de colesterol, reduz a coagulação sanguínea, diminui a pressão arterial e tem ligeiro efeito bactericida. Possui enxofre, que bloqueia os carcinógenos.

Ingredientes
250g de talharim grano duro
250g de salmão fresco em postas
1 colher (sopa) de margarina light sem sal
1 colher (sopa) de cebola ralada

1 colher (sopa) de farinha de trigo
150ml de leite desnatado
200ml de champanhe
100g de creme de leite light
1 xícara de uva itália sem pele e sem sementes
Sal light
1 limão

Modo de preparo

1. Coloque o talharim para cozinhar até ficar al dente.
2. Coloque os filés de salmão (já limpos) no grill.
3. Faça um molho bechamel, derretendo a margarina light numa panela. Adicione a cebola. Doure. Adicione a farinha e mexa sempre. Aos poucos, acrescente o leite desnatado, mexendo sempre para que não fique com bolinhas. Adicione o creme de leite.
4. Coloque o champanhe e incorpore ao molho. Se necessário, corrija com o sal light. Adicione a uva, corrija o sal se necessário.
5. Pegue as postas de salmão já grelhadas (também podem ser assadas) e esmigalhe em pedaços (não muito pequenos).
6. Acrescente ao molho branco com champanhe e torne sobre a massa.
7. Para dar um toque final, esprema um limão sobre a massa já pronta.

Rendimento: 5 porções

INFORMAÇÃO NUTRICIONAL		
Porção de 300g – 1 prato 300g		
	Qtde	VD(*)
Valor energético	366kcal – 1531KJ	18
Carboidratos	45g	15
Proteínas	21g	27
Gorduras totais	12g	21
Gorduras saturadas	3,4g	15
Gorduras trans	Zero	0
Fibra alimentar	2,3g	9
Sódio	114mg	5

GRAVATINHA MEDITERRÂNEA

A cenoura é rica em vitamina A e betacaroteno, que auxilia num bronzeado uniforme e evita o envelhecimento precoce, uma vez que contém antioxidantes.

INGREDIENTES
400g de macarrão tipo farfalle grano duro
300g de berinjela
300g de cenoura
300g de abobrinha
Sal light
Pimenta-do-reino moída na hora a gosto
1 xícara de ricota light
2 colheres (sopa) de azeite de oliva extravirgem
2 colheres (sopa) de manjericão picado
½ lata de anchovas em conserva

PARA POLVILHAR

¼ de xícara de folhas de manjericão
¼ de xícara de ricota light esmigalhada

MODO DE PREPARO

1. Cozinhe o farfalle até ficar al dente.
2. Corte a berinjela, a cenoura e a abobrinha em rodelas finas e reserve.
3. Numa frigideira antiaderente, untada com azeite de oliva, grelhe os legumes até ficarem ligeiramente macios. Tempere com sal light e pimenta. Reserve.
4. Rale a ricota no ralo grosso.
5. Em uma vasilha, coloque o azeite, o manjericão, a anchova e as ricotas raladas. Mexa rapidamente.
6. Em um refratário, arrume camadas da massa, dos legumes grelhados e da mistura de azeite e anchova.
7. Polvilhe com o manjericão e a ricota e sirva em seguida.

RENDIMENTO: 6 porções

INFORMAÇÃO NUTRICIONAL		
Porção de 300g – 1 prato 300g		
	Qtde	VD(*)
Valor energético	390kcal – 1632KJ	20
Carboidratos	51g	17
Proteínas	16g	22
Gorduras totais	14g	25
Gorduras saturadas	2,9g	13
Gorduras trans	Zero	0
Fibra alimentar	4,4g	18
Sódio	82mg	3

LASANHA DE MASSA DE CREPE

A lasanha é uma receita que oferece todos os nutrientes necessários numa refeição, ou seja, oferece carboidratos, proteínas e gorduras. Por isso, você não precisa misturá-la com outro tipo de carboidrato, como arroz, por exemplo.

INGREDIENTES DA MASSA
1 copo de farinha de trigo
1 copo de leite desnatado
1 pitada de sal light
2 ovos

INGREDIENTES DO RECHEIO
250g de queijo mussarela light
300g de molho de tomate tradicional
500g de carne moída magra
1 colher (sopa) de margarina light
1 colher (sopa) de azeite de oliva extravirgem
Pimenta-do-reino, sálvia e louro a gosto

MODO DE PREPARO
1. Pegue todos os ingredientes da massa e bata no liquidificador.
2. Aqueça uma frigideira, coloque um pouquinho de margarina light e vá colocando a massa para fazer os crepes. Reserve.
3. Coloque numa panelinha preaquecida, com o azeite de oliva, o molho de tomate e cozinhe

ali, em fogo baixo, a carne moída. Tempere a gosto.
4. Num prato que vá ao forno e levemente untado, coloque alguns crepes estendidos e, sobre eles, o molho com a carne moída.
5. Faça uma camada de queijo fatiado e vá fazendo assim alternadamente até acabarem os crepes, que devem formar a última camada. Leve ao forno preaquecido por alguns minutos.

Rendimento: 6 porções

INFORMAÇÃO NUTRICIONAL		
Porção de 300g – 1 prato 300g		
	Qtde	VD(*)
Valor energético	387kcal – 1617KJ	19
Carboidratos	32g	11
Proteínas	28g	37
Gorduras totais	17g	30
Gorduras saturadas	8,2g	37
Gorduras trans	Zero	0
Fibra alimentar	1,2g	5
Sódio	780mg	32

CANELONE AO RENO

O Käseschimier é um queijo fresco com baixo teor de gordura, mas rico em proteína e cálcio.

Ingredientes
525g de Käseschimier light
25g de queijo parmesão ralado light

1 litro de molho branco base
Sal
Pimenta-do-reino preta
5g de cúrcuma
60ml de vinho branco
500g de massa lasanha italiana
30g de amido de milho
Salsa a gosto

MODO DE PREPARO

1. Misture metade do molho branco básico, o Käseschimier, o vinho branco, a cúrcuma, a pimenta, o sal e o queijo ralado.
2. Leve ao fogo, e, após começar a ferver, adicione o amido de milho dissolvido em água. Deixe esfriar. Reserve.
3. Cozinhe a massa de lasanha em água e sal. Escorra e recheie com a mistura acima.
4. Disponha em um prato refratário os canelones recheados, cubra-os com o restante do molho e salpique queijo parmesão e salsa. Gratine.

RENDIMENTO: 15 porções

INFORMAÇÃO NUTRICIONAL Porção de 100g – 1 prato 100g		
	Qtde	VD(*)
Valor energético	157kcal – 657KJ	8
Carboidratos	7,6g	3
Proteínas	12g	15
Gorduras totais	9,0g	16
Gorduras saturadas	4,6g	21
Gorduras trans	Zero	0
Fibra alimentar	0,82g	3
Sódio	580mg	24

FETTUCCINE À GIOVANNI

A alcachofra contém ácido fólico, vitamina C e potássio, além de poucas calorias e alta concentração de fibras.

INGREDIENTES
1 pacote de fettuccine grano duro
200g de alcachofra em conserva
1kg de tomates sem pele e sem semente
1 cebola liquidificada
1 dente de alho
1 colherinha (chá) de orégano
1 folha de louro
1 ramo de manjerona
1 ramo de sálvia
Molho de pimenta vermelha
1 colher (sopa) de molho inglês
3 colheres (sopa) cheias de extrato de tomates
20ml de azeite de oliva extravirgem
2 colheres (sopa) de amido de milho
2 colheres (sopa) de azeitonas pretas laminadas
2 colheres (sopa) de azeitonas verdes laminadas
1 colher (sopa) de suco de limão

MODO DE PREPARO
1. Cozinhe a massa em água fervente até ficar al dente.
2. Escorra e reserve.
3. Corte a alcachofra em tirinhas.
4. Borrife suco de limão. Lave e escorra.

5. Refogue com um pouco de azeite de oliva e parte das cebolas liquidificadas. Reserve.
6. Em uma panela, aqueça o óleo de oliva, o alho e o resto das cebolas. Acrescente o tomate liquidificado, o extrato de tomates e o molho de tomates.
7. Deixe ferver e reduza por 30 minutos. Acrescente água aos poucos, conforme necessário.
8. No final, aplique as ervas aromáticas e as alcachofras refogadas.
9. Por último, acrescente as azeitonas verdes e pretas.
10. Sirva uma porção da massa e cubra com uma porção do molho de alcachofras.

Rendimento: 8 porções

INFORMAÇÃO NUTRICIONAL		
Porção de 250g – 1 prato 250g		
	Qtde	VD(*)
Valor energético	191kcal – 798KJ	10
Carboidratos	28g	9
Proteínas	7,6g	10
Gorduras totais	5,4g	10
Gorduras saturadas	1,5g	7
Gorduras trans	Zero	0
Fibra alimentar	2,1g	9
Sódio	680mg	28

MASSA TRICOLOR COM TOFU

Sem lactose. O tofu é uma fonte vegetariana de proteína de alta qualidade e de ferro. Boa fonte de potássio, zinco e outros minerais.

INGREDIENTES
250g de tofu
4 tomates maduros
1 pacote de massa tricolor fusili grano duro
½ xícara de shoyu light
2 colheres (sopa) de azeite de oliva extravirgem
1 folha de louro
2 dentes de alho
Sal light

MODO DE PREPARO
1. Cozinhe a massa até ficar al dente.
2. Esmigalhe o tofu com um garfo.
3. Corte os tomates aos pedacinhos. Reserve.
4. Corte o alho e aqueça-o num pouco de azeite numa frigideira com a folha de louro, colocando em seguida o tofu e o tomate.
5. Regue com o shoyu.
6. Se necessário, corrija com o sal light (o shoyu salga, então não deve ser necessário adicionar sal).
7. Deixe cozinhar um pouco até que o sumo do tomate incorpore no tofu, bem como o shoyu.
8. Para finalizar, misture a massa escorrida com os outros ingredientes na frigideira.

Rendimento: 6 porções

INFORMAÇÃO NUTRICIONAL		
Porção de 250g – 1 prato 250g		
	Qtde	VD(*)
Valor energético	343kcal – 1437KJ	17
Carboidratos	55g	18
Proteínas	14g	18
Gorduras totais	7,5g	14
Gorduras saturadas	1,0g	5
Gorduras trans	Zero	0
Fibra alimentar	3,4g	13
Sódio	915mg	38

MACARRÃO AO TOFU

Sem lactose.

Ingredientes
350g de tofu
250g de espaguete grano duro
4 dentes de alho picadinhos
2 colheres (sopa) de azeite de oliva extravirgem
1g de sal light
Pimenta-do-reino a gosto

Modo de preparo
1. Cozinhe a massa até ficar al dente.
2. Numa frigideira, junte o azeite e o alho cortado e deixe alourar.
3. Junte o tofu cortado em cubinhos e tempere com o sal light e a pimenta.

4. Por último, escorra a massa e junte-a ao preparado, deixando que ela tome gosto.

Rendimento: 4 porções

INFORMAÇÃO NUTRICIONAL		
Porção de 250g – 1 prato 250g		
	Qtde	VD(*)
Valor energético	360kcal – 1505KJ	18
Carboidratos	48g	16
Proteínas	15g	19
Gorduras totais	12g	22
Gorduras saturadas	1,6g	7
Gorduras trans	Zero	0
Fibra alimentar	3,1g	12
Sódio	9,2mg	0

MACARRÃO AO MOLHO DE CAMARÕES

A pimenta-do-reino é rica em cálcio, fósforo, ferro e vitaminas B1 e B2.

Ingredientes
1kg de camarões gigantes
1 colher (sopa) de azeite de oliva extravirgem
1 cebola
Salsa e pimenta-do-reino a gosto
500g de tomate
1 colher (sopa) de margarina light
1 pacote de espaguete grano duro
1g de sal light

MODO DE PREPARO

1. Cozinhe os camarões em pouca água e sal durante 10 minutos. Escorra na peneira e guarde o caldo.
2. Corte em pedacinhos (guarde alguns inteiros para enfeitar).
3. Numa panela, doure no azeite a cebola, a salsa e a pimenta-do-reino.
4. Junte os tomates partidos em pedaços. Quando estes ficarem completamente desmanchados, junte 2 xícaras do caldo dos camarões. Deixe ferver durante 10 minutos e passe tudo pela peneira.
5. Junte os camarões picados, deixe ferver mais um pouco. Tire do fogo e ponha a margarina light com uma parte deste.
6. Cozinhe o espaguete.
7. Despeje numa travessa, cubra com o molho e enfeite com os camarões inteiros e a salsinha a gosto.

RENDIMENTO: 6 porções

INFORMAÇÃO NUTRICIONAL Porção de 300g – 1 prato 300g		
	Qtde	VD(*)
Valor energético	371Kcal – 1552KJ	19
Carboidratos	51g	17
Proteínas	24g	32
Gorduras totais	7,6g	14
Gorduras saturadas	3,6g	16
Gorduras trans	Zero	0
Fibra alimentar	Zero	0
Sódio	510mg	21

MASSA ESPECIAL DE VERÃO

INGREDIENTES
350g de massa parafuso ou penne grano duro
50g de azeitonas (sem caroço)
150g de pepino em conserva
2 tomates sem sementes
1 cenoura cozida
200g de ervilha natural (congelada)
1 molho de tempero (salsa e cebolinha)
½ kg de peito de frango sem osso e sem pele
2g de sal light
2 colheres de azeite de oliva extra virgem
150g de maionese light
1 caixa de creme de leite light

MODO DE PREPARO
1. Cozinhe o frango em uma panela de pressão por aproximadamente 30 minutos, deixe esfriar e desfie grosseiramente. Reserve.
2. Deixe a ervilha descongelando;
3. Cozinhe a massa al dente em água abundante;
4. Cozinhe ligeiramente a cenoura;
5. Corte a cenoura, as azeitonas e os pepinos em rodelas, e os tomates em cubos;
6. Misture à massa os legumes cortados, a ervilha, as azeitonas, o tempero verde picado e o frango desfiado, acerte com o sal (se necessário) e regue com azeite de oliva.
7. Adicione a maionese light e o creme de leite light. Mexa bem. Sirva fria.

RENDIMENTO: 6 PORÇÕES

INFORMAÇÃO NUTRICIONAL		
Porção de 300g – 1 prato 300g		
	Qtde	VD(*)
Valor energético	440Kcal – 1839KJ	22
Carboidratos	49g	16
Proteínas	19g	25
Gorduras totais	19g	34
Gorduras saturadas	3,9g	18
Gorduras trans	Zero	0
Fibra alimentar	5,5	22
Sódio	573mg	24

MASSAS ORIENTAIS

FARFALLE AO MOLHO ORIENTAL

O gergelim é rico em vitamina E, poderoso antioxidante que previne o envelhecimento precoce. Também contém a "gordura boa" para combater os males do sistema cardiovascular.

Ingredientes para o molho
1 colher (sopa) de alho amassado (6g)
6 colheres (sopa) de molho de soja light (50ml)
1 colher (sopa) de vinagre de arroz (10ml)
2 colheres (sopa) de óleo de gergelim tostado (20ml)
2 colheres (sopa) de açúcar branco light (20g)
1 colher (sopa) de sal light (5g)

Ingredientes para a massa
500g de farfalle (gravatinha) (1 pacote)
¾ de xícara de coentro picado (150g)
1 xícara de cenoura sem casca cortada à juliane (tirinhas fininhas) (100g)
1 xícara de castanha de caju tostada picada (100g)

Modo de preparo
1. Em uma panela funda, coloque 2 litros de água para ferver. Enquanto isso, prepare o molho.
2. Em uma bacia grande, misture os ingredientes do molho com um batedor manual.
3. Coloque a massa para cozinhar e, assim que estiver a um minuto do ponto al dente, escorra-a

e coloque-a imediatamente no molho para pegar o sabor.
4. Acrescente o coentro, a cenoura e a castanha de caju.

Rendimento: 6 porções

INFORMAÇÃO NUTRICIONAL		
Porção de 250g – 1 prato 250g		
	Qtde	VD(*)
Valor energético	379kcal – 1568kJ	19
Carboidratos	59g	20
Proteínas	12g	16
Gorduras totais	11g	19
Gorduras saturadas	1,8g	8
Gorduras trans	Zero	0
Fibra alimentar	3,4g	14
Sódio	547mg	23

GAENG KEOW WAN GAI

O curry é um tempero considerado anti-inflamatório natural.

Ingredientes
200ml de leite de coco light
500g de peito de frango desfiado (sem pele)
¼ de xícara de nam pia (tempero da cozinha tailandesa)
3 colheres (sopa) de açúcar light (30g)
6 pedaços de casca de limão (em torno de 10g)
½ xícara de manjericão (20g)

1 cenoura cozida, cortada em rodelas bem finas (100g)
1 colher (sopa) de curry verde (5g)
500g de macarrão nissin

MODO DE PREPARO

1. Coloque o macarrão para cozinhar até ficar al dente.
2. Coloque o leite de coco e o curry verde na wok (panela que parece uma frigideira funda) e deixe ferver.
3. Se preferir, coloque um pouco de água para deixar o leite de coco mais fino, assim ele não seca facilmente.
4. Acrescente o nam pia e o açúcar. Cozinhe o frango no fogo baixo.
5. Acrescente as cascas de limão.
6. Adicione a cenoura picada e o manjericão.
7. Misture ao macarrão. Sirva bem quente.

RENDIMENTO: 10 porções

INFORMAÇÃO NUTRICIONAL		
Porção de 250g – 1 prato 250g		
	Qtde	VD(*)
Valor energético	370kcal – 1546kJ	19
Carboidratos	38g	13
Proteínas	20g	27
Gorduras totais	15g	28
Gorduras saturadas	4,0g	18
Gorduras trans	Zero	0
Fibra alimentar	0,87g	3
Sódio	61mg	3

MORISOBA

O wasabi é conhecido também como raiz-forte, um tipo de pimenta que ativa o metabolismo e é descongestionante natural.

INGREDIENTES
400g de macarrão japonês
4 xícaras (chá) de molho de peixe
4 colheres (sopa) de shoyu light
2 colheres (sopa) de saquê
1 colher (sopa) de açúcar light
2 talos de alho-poró
1 folha de alga tostada
1 colher (sopa) de wasabi (raiz-forte)

MODO DE PREPARO
1. Leve ao fogo 2 litros de água. Quando ferver, coloque o macarrão, mexendo sempre para não grudar.
2. Ao levantar fervura, junte ½ xícara (chá) de água fria para baixar a ebulição. Proceda desta forma mais duas vezes, sempre que a água levantar fervura. O macarrão deverá estar cozido em 10 minutos.
3. Escorra e lave o macarrão em água fria para que fique bem solto. Reserve.
4. Misture o molho de peixe com o shoyu, o saquê, o açúcar e o alho-poró cortado em rodelas finas. Leve ao fogo e deixe ferver durante 2 minutos.

5. Corte a folha de alga em tiras. Distribua o macarrão em 4 tigelas quentes e enfeite com tiras de alga. Polvilhe um pouquinho de Wasabi e sirva.

RENDIMENTO: 4 porções

INFORMAÇÃO NUTRICIONAL		
Porção de 250g – 1 prato 250g		
	Qtde	VD(*)
Valor energético	367kcal – 1537kJ	18
Carboidratos	49g	16
Proteínas	9,1g	12
Gorduras totais	15g	27
Gorduras saturadas	Zero	0
Gorduras trans	Zero	0
Fibra alimentar	Zero	0
Sódio	495mg	21

PENNE ORIENTAL

As receitas orientais são conhecidas por utilizarem o gengibre como tempero. Essa raiz tem propriedades anticancerígenas e combate náuseas e enjoos. Ótimo auxiliar para combater enxaquecas e dores como a artrite, por exemplo.

INGREDIENTES
2 colheres (sopa) de azeite de oliva extravirgem
100g de peito de frango (sem pele e sem osso) em tiras

½ xícara de cogumelos shitake naturais em tiras
1 colher (chá) de gengibre
1 xícara de pimentão vermelho em tirinhas
1 xícara de cenoura em tirinhas
1 xícara de aipo em tirinhas
5 ervilhas tortas cortadas em tiras longitudinais
1 xícara de suco de laranja
1 colher (chá) de suco de limão
2 colheres (sopa) de molho de soja light
1 colher (chá) de amido de milho
2 xícaras de penne
1 punhado de cebolinha picada
1 punhado de gergelim torrado
1 punhado de amêndoas laminadas torradas

MODO DE PREPARO
1. Cozinhe o penne de modo que fique levemente cru. Reserve.
2. Unte uma wok (ou uma frigideira grande e funda) com o azeite de oliva. Aqueça bem.
3. Acrescente o frango e, logo depois, o shitake. Deixe dourar.
4. Ponha o pimentão, a cenoura, o aipo e as ervilhas até ficarem ligeiramente macios (reserve 3 colheres de cada para o molho).
5. Em uma panela à parte, em fogo baixo, misture o suco de laranja e o de limão, o gengibre e o molho de soja e o amido de milho. Mexa bem.
6. Junte os legumes que ficaram reservados (3 colheres de cada) e mexa sempre até engrossar.
7. Acrescente o penne já cozido, mexendo sempre para não grudar no fundo da frigideira.

8. Adicione o molho com a frigideira ainda no fogo baixo.
9. Desligue o fogo e acrescente a cebolinha, o gergelim e as amêndoas. Mexa bem até que fiquem macios.
10. Sirva em seguida.

RENDIMENTO: 4 porções

INFORMAÇÃO NUTRICIONAL Porção de 300g – 1 prato 300g		
	Qtde	VD(*)
Valor energético	349kcal – 1461kJ	17
Carboidratos	39g	13
Proteínas	17g	22
Gorduras totais	14g	26
Gorduras saturadas	1,6g	7
Gorduras trans	Zero	0
Fibra alimentar	4,2g	17
Sódio	444mg	18

SOBA

As receitas orientais utilizam muitos legumes e verduras, por isso são ricas em vitaminas e minerais de todos os tipos. Esta é uma receita tipicamente saudável!

INGREDIENTES
400g de macarrão japonês
200g de filé de frango sem osso e sem pele
1 colher (sopa) de saquê

5 colheres (sopa) de shoyu light
2 colheres (sopa) de mirin (vinho de arroz)
½ colher (sopa) de azeite de oliva extravirgem
4 xícaras (chá) de dashi (caldo de pescado)
3 cenouras
1 colher (chá) de togarashi (tipo de pimenta)
Sal a gosto
2 talos de cebolinha verde

MODO DE PREPARO
1. Cozinhe a massa até ficar al dente. Mexa de vez em quando para não grudar.
2. Ao levantar fervura, junte ½ xícara (chá) de água fria para baixar a ebulição. Proceda desta forma mais duas vezes, sempre que a água levantar fervura.
3. Escorra e lave em água fria para que fique solto. Reserve.
4. Corte o frango em tiras finas. Tempere com o saquê, 1 colher de shoyu e o mirin. Refogue no azeite de oliva.
5. Junte o restante do shoyu e o dashi. Ferva durante 5 minutos.
6. Acrescente a cenoura ralada e cozinhe mais 2 minutos.
7. Distribua o macarrão em 4 tigelas e espalhe por cima o togarashi.
8. Cubra com o molho de frango e a cenoura.
9. Enfeite com a cebolinha verde picada e sirva com togarashi (tipo de pimenta japonesa vermelha)

RENDIMENTO: 5 porções

INFORMAÇÃO NUTRICIONAL		
Porção de 300g – 1 prato 300g		
	Qtde	VD(*)
Valor energético	358kcal – 1499kJ	18
Carboidratos	40g	13
Proteínas	15g	20
Gorduras totais	16g	28
Gorduras saturadas	0,64g	3
Gorduras trans	Zero	0
Fibra alimentar	0,99g	4
Sódio	340mg	14

YAKISSOBA

O pimentão vermelho é rico em vitamina C, portanto previne resfriados. Contém também betacaroteno, que auxilia no bronzeado, além de possuir pouquíssimas calorias.

INGREDIENTES
1 pacote de macarrão japonês
150g de abobrinha italiana em tirinhas
100g de cogumelo paris fatiado
4 cebolinhas verdes
1 cebola média em rodelas
20g de gengibre ralado na hora
½ pimentão vermelho em cubos
1 cebola pequena em cubos
4 folhas de acelga picada
100g de cogumelo shimeji
100ml de shoyu light
25ml de saquê

50ml de óleo de oliva extravirgem
1 cenoura picada na diagonal em laminas finas
4 colheres (sopa) de amido de milho diluídas em pouca água

MODO DE PREPARO

1. Numa panela de água quente, cozinhe o macarrão e reserve.
2. Numa frigideira grande quente, coloque o óleo e deixe esquentar. Coloque os talos de cebolinha picados.
3. Vá acrescentando os legumes dos mais duros aos mais macios, e o gengibre para que todos fiquem cozidos por igual. Todos devem ficar crocantes.
4. Por último, acrescente os cogumelos shimeji. Adicione o saquê.
5. Coloque a massa, o shoyu e espesse o molho com o amido de milho.
6. Misture tudo, retire do fogo e sirva em seguida.

RENDIMENTO: 8 porções

INFORMAÇÃO NUTRICIONAL		
Porção de 300g – 1 prato 300g		
	Qtde	VD(*)
Valor energético	374kcal – 1565KJ	19
Carboidratos	44g	15
Proteínas	8,6g	11
Gorduras totais	18g	33
Gorduras saturadas	0,87g	4
Gorduras trans	Zero	0
Fibra alimentar	1,2g	5
Sódio	796mg	33

MASSAS COM QUEIJO

FUSILI GRATINADO

Receita rica em cálcio, importante para os ossos, e proteína.

INGREDIENTES
500g de massa fusili colorida
50g de queijo gorgonzola
50g de queijo suíço ralado
50g de queijo parmesão light ralado
50g de queijo fundido
20g de creme de leite light
50g de lombinho defumado em cubinhos
50g de aipo (sem rama) cortado em cubinhos
50g de nozes picadas
1 colher (sopa) de salsa picada (10g)
1g de sal light
Pimenta moída na hora (a gosto)
50g de queijo mussarela light

MODO DE PREPARO
1. Preaqueça o forno a 180°C.
2. Leve a massa para cozinhar al dente.
3. Coloque os queijos gorgonzola, suíço e parmesão numa panela rasa. Junte o queijo fundido e o creme de leite light. Cozinhe em fogo brando sem parar de mexer até que os queijos estejam derretidos e cremosos. Reserve num local aquecido.
4. Grelhe ligeiramente os cubinhos de lombinho numa frigideira. Junte os cubinhos de aipo e cozinhe por mais 2-3 minutos. Junte ao prepa-

rado de queijos. Acrescente as nozes picadas e envolva.
5. Escorra a massa e cubra-a com o molho e a salsa picada.
6. Acerte com o sal light e a pimenta (se necessário).
7. Misture muito bem e transfira para uma assadeira. Polvilhe com o queijo mussarela ralado e leve para gratinar no forno até que o queijo derreta e fique dourado. Sirva em seguida.

Rendimento: 8 porções

| INFORMAÇÃO NUTRICIONAL |||
| Porção de 250g – 1 prato 250g |||
	Qtde	VD(*)
Valor energético	394kcal – 1647kJ	20
Carboidratos	48g	16
Proteínas	18g	24
Gorduras totais	14g	26
Gorduras saturadas	5,3g	24
Gorduras trans	Zero	0
Fibra alimentar	2,4g	10
Sódio	394mg	16

CAPPELETTI AO FORNO COM MUSSARELA DE BÚFALA

Receita rica em cálcio, carboidrato e vitaminas do complexo B.

Ingredientes
1 lata grande de tomate pelado

1 cebola
2 dentes de alho
1 colher (sopa) de azeite de oliva extravirgem
300g de cappeletti fresco (recheado com carne)
200g de mussarela de búfala
1 pacotinho de parmesão light ralado
Folhas de manjericão frescas a gosto
Pitada de sal light
Pimenta-malagueta a gosto

Modo de preparo

1. Triture a cebola, o alho e o tomate com o suco da lata. Coloque numa panela com o azeite e deixe levantar fervura. Baixe o fogo. Tempere com sal e pimenta-malagueta e deixe cozinhar lentamente de 15 a 20 minutos. Se o molho ficar muito grosso, dilua-o com água.
2. Junte as folhas de manjericão partidas grosseiramente e reserve.
3. Cozinhe o cappeletti até ele ficar al dente. Depois escorra e passe na água fria.
4. Junte metade do molho de tomate e metade do queijo parmesão ralado à massa.
5. Coloque num refratário uma camada de massa, regue com o molho de tomate, cubra com parmesão e termine com a mussarela de búfala cortada em fatias e com o restante do parmesão ralado.
6. Leve ao forno até o queijo derreter e dourar. Sirva quente.

Rendimento: 4 porções

INFORMAÇÃO NUTRICIONAL		
Porção de 250g – 1 prato 250g		
	Qtde	VD(*)
Valor energético	382kcal – 1599kJ	19
Carboidratos	31g	10
Proteínas	21g	29
Gorduras totais	19g	35
Gorduras saturadas	3,8g	17
Gorduras trans	Zero	0
Fibra alimentar	3,8g	15
Sódio	335mg	14

NHOQUE DE RICOTA AO MOLHO DE TOMATE

A ricota é um queijo magro, rico em cálcio e proteína.

INGREDIENTES

1kg de batatas
250g de ricota light
200g de farinha de trigo
200g de farinha de trigo integral
2 ovos
2 colheres (sopa) de queijo parmesão light ralado
2 colheres (sopa) de extrato de tomate
3 colheres (sopa) de espinafre (passado no liquidificador)
Noz-moscada
Sal light

MODO DE PREPARO

1. Cozinhe as batatas e passe-as no espremedor. Deixe esfriar.

2. Cozinhe meio maço de espinafre (só as folhas). Escorra apertando-as bem com a mão para sair toda a água. Passe-as no liquidificador e adicione a ricota. Reserve.
3. Misture nas batatas já frias as farinhas (de trigo e integral), os ovos, o sal, a noz-moscada e o parmesão, amassando com a mão.
4. Divida a massa em 3 partes iguais.
5. Na primeira, adicione o espinafre.
6. Na segunda, o concentrado de tomate.
7. A terceira deixe branca.
8. Numa mesa enfarinhada, faça rolos finos com as massas coloridas, cortando os nhoques e rolando-os pela farinha de trigo.
9. Jogue-os, aos poucos, numa panela com água fervente. Quando boiarem, estão prontos. Retire-os com uma escumadeira e coloque-os numa travessa.
10. Regue com molho de tomate, polvilhe com parmesão e leve ao forno por 5 minutos.
11. Sirva com molho de tomate.

Rendimento: 8 porções

INFORMAÇÃO NUTRICIONAL		
Porção de 250g – 1 prato 250g		
	Qtde	VD(*)
Valor energético	329kcal – 1377kJ	16
Carboidratos	55g	18
Proteínas	14g	19
Gorduras totais	5,6g	10
Gorduras saturadas	2,4g	11
Gorduras trans	Zero	0
Fibra alimentar	7,9g	32
Sódio	116mg	5

RIGATONI AOS 4 QUEIJOS

Os queijos em geral são ricos em proteína e cálcio, mineral responsável pela formação e manutenção dos ossos. Também são fontes de vitamina B12, necessária para produzir glóbulos vermelhos, DNA, RNA e mielina para as fibras nervosas.

INGREDIENTES
75g de queijo parmesão light
75g de queijo gruyère
75g de queijo gorgonzola
75g de requeijão light
500g de macarrão tipo rigatoni grano duro
2 colheres (sopa) de margarina light
Pimenta-do-reino moída na hora

MODO DE PREPARO
1. Rale os queijos, coloque-os numa tigela, misture e reserve.
2. Cozinhe a massa numa panela grande, mexendo de vez em quando, até ficar al dente.
3. Retire do fogo, escorra e reserve a água e a massa separadamente.
4. Numa panela, derreta 1 colher de manteiga em fogo baixo.
5. Acrescente a massa, misture cuidadosamente e, aos poucos, adicione, mexendo delicadamente, a mistura de queijos, a outra colher de manteiga e ½ xícara (chá) da água reservada.

6. Deixe cozinhar, sem parar de mexer, até que o queijo comece a derreter. Retire imediatamente do fogo.
7. Se a preparação ficar muito seca, junte um pouco mais da água do cozimento.
8. Distribua a massa nos pratos, polvilhe a pimenta e sirva a seguir.

RENDIMENTO: 6 porções

INFORMAÇÃO NUTRICIONAL Porção de 300g – 1 prato 300g		
	Qtde	VD(*)
Valor energético	381kcal – 1595kJ	19
Carboidratos	50g	17
Proteínas	17g	23
Gorduras totais	13g	23
Gorduras saturadas	6,1g	28
Gorduras trans	Zero	0
Fibra alimentar	2,1g	8
Sódio	552mg	23

PENNE GRATINADO

Receita equilibrada em carboidratos e proteínas. Indicada para uma refeição como o almoço, por exemplo, onde a necessidade energética é maior para enfrentar o resto do dia.

INGREDIENTES
300g de massa penne grano duro
1 litro de leite desnatado

3 colheres (sopa) de margarina light
3 colheres (sopa) de farinha de trigo
1 pitada de noz-moscada
1g de sal light
80g de queijo gruyère
3 colheres (sopa) de farinha de rosca

MODO DE PREPARO
1. Cozinhe o macarrão até ficar al dente.
2. Misture a margarina e as farinhas.
3. Leve ao fogo baixo e adicione o leite aos poucos. Deixe cozinhar por 2 a 3 minutos, mexendo sempre.
4. Incorpore ao molho a noz-moscada.
5. Derrame o molho branco sobre o macarrão já cozido. Mexa delicadamente.
6. Coloque num prato refratário e cubra com o gruyère ralado.
7. Salpique com a farinha de rosca.
8. Coloque no forno preaquecido (210°C) por 20 minutos.

RENDIMENTO: 6 porções

INFORMAÇÃO NUTRICIONAL		
Porção de 300g – 1 prato 300g		
	Qtde	VD(*)
Valor energético	387kcal – 1618KJ	19
Carboidratos	65g	22
Proteínas	16g	22
Gorduras totais	6,9g	13
Gorduras saturadas	3,0g	13
Gorduras trans	Zero	0
Fibra alimentar	2,8g	11
Sódio	249mg	10

PENNE TRICOLOR

As massas coloridas são enriquecidas com legumes, como espinafre, beterraba, cenoura etc. Por isso, podemos dizer que elas contêm uma quantidade maior de fibras, vitaminas e minerais, além de serem menos calóricas que as massas tradicionais.

INGREDIENTES
3 colheres (sopa) de margarina light
¼ de xícara de queijo gorgonzola esfarelado
¼ de xícara de queijo suíço picado
3 colheres (sopa) de queijo parmesão light ralado
300g de macarrão tipo penne colorido

MODO DE PREPARO
1. Cozinhe o macarrão até ficar al dente. Escorra e reserve ½ xícara da água do cozimento.
2. Numa tigela pequena, misture a margarina e os queijos. Reserve.
3. Junte a água do cozimento ao molho de queijos. Misture bem e acrescente o macarrão.
4. Mexa, transfira para uma travessa e sirva a seguir.

RENDIMENTO: 4 porções

INFORMAÇÃO NUTRICIONAL		
Porção de 250g – 1 prato 250g		
	Qtde	VD(*)
Valor energético	387kcal – 1619KJ	19
Carboidratos	53g	18
Proteínas	14g	19
Gorduras totais	13g	24
Gorduras saturadas	5,7g	26
Gorduras trans	Zero	0
Fibra alimentar	2,1g	9
Sódio	309mg	13

BLINTZES DE RICOTA

O creme de leite é rico em proteína e cálcio, mas também possui muita gordura. Por isso, use sempre a opção light, assim você não abre mão do sabor, mas cuida das calorias no dia a dia!

INGREDIENTES DA MASSA
1 ovo
1 copo de leite
1 pitada de sal light
1 xícara de farinha de trigo
Margarina para untar

INGREDIENTES DO RECHEIO
400g de ricota light
1 ovo
1g de sal light
Pimenta-do-reino a gosto

1 lata de creme de leite light

MODO DE PREPARO

1. Bata no liquidificador o ovo, o leite e o sal por 10 segundos.
2. Acrescente a farinha até formar um creme.
3. Deixe descansar na geladeira por 1 hora.
4. Aqueça uma frigideira pequena (de preferência de ferro) untada com a margarina.
5. Com uma concha, derrame uma porção da massa suficiente para cobrir ligeiramente o fundo da frigideira.
6. Vire dos dois lados sem deixar queimar.
7. Misture a ricota com o ovo, tempere com sal e pimenta-do-reino. Bata bem.
8. Recheie a panqueca, enrole e dobre as pontas, formando pacotes regulares.
9. Coloque os blintzes numa assadeira untada, despeje o creme de leite por cima e leve ao forno médio (150°C) por 14 minutos. Sirva como entrada.

RENDIMENTO: 20 unidades

INFORMAÇÃO NUTRICIONAL Porção de 300g – 1 prato 300g		
	Qtde	VD(*)
Valor energético	100kcal – 417KJ	5
Carboidratos	9,4g	3
Proteínas	4,9g	7
Gorduras totais	4,7g	9
Gorduras saturadas	2,6g	12
Gorduras trans	Zero	0
Fibra alimentar	0,69g	3
Sódio	53mg	2

CREPE DE RICOTA COM DAMASCO

O damasco é rico em fibras, betacaroteno, ferro e potássio e não contém gordura!

INGREDIENTES DA MASSA
2 xícaras de leite desnatado
2 xícaras de farinha de trigo integral
4 ovos (inteiros)
1 pitada de sal light

INGREDIENTES DO RECHEIO
200g de ricota
1 copo de requeijão light
1 gema
1 colher (chá) de açúcar light
100g de damasco picado
1 caixa de creme de leite light

MODO DE PREPARO
1. Coloque no liquidificador todos os ingredientes da massa.
2. Bata até que tudo esteja bem misturado. Leve à geladeira por 15 minutos.
3. Aqueça uma frigideira pequena e pincele com margarina light.
4. Coloque duas colheres de sopa de massa na frigideira quente.
5. Vire de um lado para o outro para espalhar a massa.
6. Cozinhe durante 1 minuto até dourar ligeiramente. Vire e deixe dourar do outro lado.

7. Retire e coloque num prato uma sobre a outra. Deixe esfriar.
8. Misture todos os ingredientes do recheio até formar uma massa uniforme
9. Recheie cada panqueca, fechando cada uma como um envelope.
10. Coloque dentro de um refratário retangular. Cubra com creme de leite light e leve ao forno por mais ou menos 40 minutos.

RENDIMENTO: 30 crepes

INFORMAÇÃO NUTRICIONAL		
Porção de 60g – 1 unidade 60g		
	Qtde	VD(*)
Valor energético	141kcal – 5897KJ	7
Carboidratos	15g	5
Proteínas	2,9g	4
Gorduras totais	7,9g	14
Gorduras saturadas	5,4g	25
Gorduras trans	Zero	0
Fibra alimentar	2,7g	11
Sódio	24mg	1

MASSAS DOCES

MISSAS DOCES

CREPES AO MOLHO DE LARANJA

A laranja é uma fruta rica em vitamina C, fibras, ácido fólico, tiamina e potássio.

INGREDIENTES DA MASSA
150g de farinha de trigo
½ litro de leite desnatado
2 ovos
50g de margarina light sem sal
1g de sal light
1 colher (sopa) de óleo vegetal

INGREDIENTES DA GUARNIÇÃO
1 xícara de leite desnatado
2 ovos
100g de açúcar light
40g de farinha de trigo
20ml de álcool de laranja (Grand-Marnier ou Cointreau)
4 claras de ovos
2 laranjas

INGREDIENTES DO MOLHO
2 laranjas
50g de açúcar light

MODO DE PREPARO DA MASSA
1. Numa tigela, peneire a farinha. Faça uma cova e quebre os ovos inteiros.

2. Junte a manteiga, o sal e um pouco de leite. Trabalhe a massa com uma colher até ficar bem leve.
3. Molhe com leite até obter a consistência desejada.
4. Deixe a massa descansar por, no mínimo, uma hora.
5. Junte mais um pouco de leite se achar a massa muito espessa.
6. Aqueça uma colher de óleo na frigideira, derrame uma pequena quantidade de massa e espalhe para cobrir todo o fundo da frigideira.
7. Logo que dourar, revire o crepe e doure o outro lado.

Modo de preparo da guarnição
1. Deixe ferver o leite.
2. Misture o açúcar, os ovos e a farinha.
3. Derrame o leite sobre a mistura.
4. Coloque tudo numa panela, leve ao fogo baixo mexendo sempre.
5. Perfume com o álcool de laranja escolhido. Deixe amornar.
6. Incorpore as claras batidas em neve.
7. Descasque 2 laranjas, separe em quartos e tire a pele.
8. Guarneça cada crepe com o creme. Junte os quartos de laranja, dobre os crepes em dois e disponha num prato.
9. Leve ao forno preaquecido (200°C) por 10 minutos.

Modo de preparo do molho de laranja

1. Retire a casca de uma laranja e corte em juliana (muito fina).
2. Dê um banho na água quente e depois na água fria. Coe.
3. Esprema o suco de 2 laranjas.
4. Coloque numa panela, junte o açúcar e as cascas da laranja.
5. Cozinhe em fogo baixo por 10 minutos. Deixe esfriar.

Para servir

1. Disponha os crepes sobre cada prato.
2. Recubra com o molho de laranja e decore com quartos de laranja e folhas de hortelã.

Rendimento: 30 unidades

| INFORMAÇÃO NUTRICIONAL |||
Porção de 60g – 1 unidade 60g		
	Qtde	VD(*)
Valor energético	68kcal – 286KJ	3
Carboidratos	11g	4
Proteínas	2,9g	4
Gorduras totais	1,6g	3
Gorduras saturadas	0,41g	2
Gorduras trans	Zero	0
Fibra alimentar	0,62g	2
Sódio	41mg	2

PANQUECAS COM CREME DE AMÊNDOAS

As amêndoas são frutas oleaginosas que auxiliam na redução dos níveis de colesterol. Porém, tome cuidado com a quantidade ingerida, pois 100g contêm 640 kcal.

Faça a receita de massa de crepe na página 189.

INGREDIENTES DO CREME
100g de açúcar light
100g de farinha de trigo
2 ovos inteiros
3 gemas
½ litro de leite desnatado
2 gotas de essência de baunilha
50g de margarina light
100g de amêndoas

MODO DE PREPARO
1. Numa panela, misture o açúcar e a farinha.
2. Incorpore os 2 ovos e as 3 gemas.
3. Dilua pouco a pouco com ½ litro de leite fervendo, perfumado com as gotas de baunilha.
4. Cozinhe o creme em fogo lento, mexendo sempre.
5. Retire do fogo na ebulição e junte a margarina light aos poucos. Mexa até esfriar para não criar crosta. Reserve.
6. Torre levemente as amêndoas e, em seguida, passe-as levemente no triturador.

7. Junte ao creme para perfumar.
8. Recheie as panquecas com o creme de amêndoas. Dobre como um pacote.
9. Coloque na travessa de servir e salpique com açúcar.

RENDIMENTO: 30 unidades

| INFORMAÇÃO NUTRICIONAL |||
Porção de 60g – 1 unidade 60g		
	Qtde	VD(*)
Valor energético	108kcal – 452KJ	5
Carboidratos	12g	4
Proteínas	3,9g	5
Gorduras totais	4,8g	9
Gorduras saturadas	1,0g	5
Gorduras trans	Zero	0
Fibra alimentar	0,85g	3
Sódio	50mg	2

CREPE COM SORVETE E CALDA DE CHOCOLATE

O chocolate amargo contém flavonoides – mesmo tipo de antioxidante do vinho tinto.

INGREDIENTES DO CREPE
1 xícara de farinha de trigo
1 xícara de leite desnatado
2 ovos
4 colheres (sopa) de margarina light derretida

INGREDIENTES DO MOLHO
1 xícara de chocolate amargo ralado
½ xícara de leite desnatado
¼ de xícara de açúcar light

INGREDIENTE DO RECHEIO
8 bolas médias de sorvete light ou Frozen Yogurt

MODO DE PREPARO DO CREPE
1. No liquidificador, bata todos os ingredientes até obter uma massa homogênea.
2. Unte a frigideira com um pouquinho de margarina light, leve ao fogo alto e deixe aquecer bem.
3. Baixe o fogo e junte cerca de ¼ de xícara da massa, inclinando a frigideira para que se espalhe pelo fundo.
4. Deixe dourar a borda, vire a massa com uma espátula e doure do outro lado. Reserve numa travessa.
5. Repita o processo até acabar a massa.

MODO DE PREPARO DO MOLHO
1. Numa panela, misture todos os ingredientes.
2. Leve ao fogo alto, mexendo de vez em quando, até engrossar ligeiramente.
3. Retire do fogo.

MONTAGEM
1. Dobre cada crepe ao meio e depois novamente ao meio.
2. Levante a borda, formando um funil.

3. Recheie com uma bola de sorvete.
4. Coloque em pratos de sobremesa e regue com o molho de chocolate quente. Sirva imediatamente.

RENDIMENTO: 8 unidades

INFORMAÇÃO NUTRICIONAL		
Porção de 150g – 1 unidade 150g		
	Qtde	VD(*)
Valor energético	264kcal – 1105KJ	13
Carboidratos	44g	15
Proteínas	9,4g	13
Gorduras totais	5,7g	10
Gorduras saturadas	1,3g	6
Gorduras trans	Zero	0
Fibra alimentar	2,1g	8
Sódio	164mg	7

CREPE DE ABACAXI

O abacaxi é uma fruta cítrica rica em vitamina C, B6, ácido fólico, tiamina (que ajuda no metabolismo) e magnésio.

INGREDIENTES DO CREPE
Veja receita de crepe na página 189.

INGREDIENTES DO RECHEIO
1 colher (sopa) de margarina light
¼ de xícara de açúcar light
6 fatias de abacaxi em calda diet

1½ colher (chá) de gengibre ralado
1/3 de xícara de suco de laranja

Para polvilhar
1 colher de pimenta-da-jamaica em pó ou picada miudinha

Modo de preparo do crepe
1. Faça a receita da massa de crepe (ver página 196)

Modo de preparo do recheio
1. Numa frigideira grande sobre fogo médio, derreta a margarina. Junte o açúcar e misture. Cozinhe por cinco minutos, mexendo às vezes ou até o açúcar caramelizar.
2. Escorra as rodelas de abacaxi e ponha-as na frigideira. Doure por três minutos de cada lado. Retire, corte a fruta em pequenos pedaços e reserve.

Montagem
1. Acrescente o gengibre e o suco de laranja à frigideira. Mexa e deixe ferver por quatro minutos ou até engrossar ligeiramente. Junte o abacaxi reservando a calda e aqueça bem.
2. Arrume os crepes em pratos individuais e, no centro, distribua o abacaxi com a calda caramelada.
3. Por cima, polvilhe a pimenta-da-jamaica.

Rendimento: 8 unidades

INFORMAÇÃO NUTRICIONAL		
Porção de 150g – 1 unidade 150g		
	Qtde	VD(*)
Valor energético	227kcal – 949KJ	11
Carboidratos	38g	13
Proteínas	7,4g	10
Gorduras totais	5,2g	9
Gorduras saturadas	1,3g	6
Gorduras trans	Zero	0
Fibra alimentar	2,7g	11
Sódio	103mg	4

PANQUECAS DE MAÇÃ

A maçã é pouco calórica e rica em fibras solúveis que ajudam a baixar os níveis de colesterol. Possui substâncias fitoquímicas, como a quercitina, que auxilia na prevenção de doenças cardíacas e câncer.

INGREDIENTES
1 ½ xícara de farinha de trigo peneirada
5 colheres (sopa) de açúcar mascavo
1 ovo
1 pote de iogurte natural desnatado
3 maçãs médias, descascadas, sem miolo e raladas
½ colher (chá) de canela em pó
1 colher (sopa) de margarina light
200g de geleia de frutas light

MODO DE PREPARO

1. Misture bem a farinha, o açúcar, o ovo e o iogurte até formar uma massa lisa.
2. Adicione a maçã ralada e a canela e misture.
3. Aqueça uma frigideira ou chapa de ferro levemente untada.
4. Coloque a massa com colheradas na frigideira. Quando começar a fazer bolhas, vire as panquecas.
5. Dobre as panquecas ao meio mais uma vez (formato de um leque).
6. Segure como um funil e recheie com uma colher de geleia de frutas light

RENDIMENTO: 10 unidades

INFORMAÇÃO NUTRICIONAL		
Porção de 100g – 1 unidade 100g		
	Qtde	VD(*)
Valor energético	154kcal – 645KJ	8
Carboidratos	31g	10
Proteínas	4,0g	5
Gorduras totais	1,6g	3
Gorduras saturadas	0,40g	2
Gorduras trans	Zero	0
Fibra alimentar	2,2g	9
Sódio	33mg	1

CREPE DE GOIABA COM MASCARPONE

A goiabada contém pectina, um tipo de fibra solúvel que auxilia na redução do colesterol. Porém, cuidado com o consumo. Opte sempre pela light, assim você ingere menos calorias e menos açúcar.

INGREDIENTES
½ quilo de goiabada light
1 xícara de farinha de trigo integral
1 colher (sopa) de margarina light sem sal
1 xícara de leite desnatado
1 xícara de mascarpone
½ xícara de creme de leite light
Açúcar de baunilha
Canela a gosto
1 ovo

MODO DE PREPARO
1. Derreta a margarina em banho-maria.
2. Misture o leite à farinha e mexa aos poucos.
3. Bata o ovo e misture tudo. Deixe descansar por uma hora.
4. Prepare os crepes numa frigideira usando ¼ de xícara de massa para cada crepe.
5. Recheie o crepe com goiabada, formando pacotinhos.
6. Leve ao forno.
7. Derreta o mascarpone e o creme de leite light em banho-maria.

8. Sirva em porções individuais.
9. Coloque no prato o molho de mascarpone quente e sobreponha o crepe.
10. Polvilhe com açúcar de baunilha e canela.
11. Sirva imediatamente.

Rendimento: 15 unidades

INFORMAÇÃO NUTRICIONAL		
Porção de 60g – 1 unidade 60g		
	Qtde	VD(*)
Valor energético	142kcal – 595KJ	7
Carboidratos	15g	5
Proteínas	2,9g	4
Gorduras totais	8,0g	15
Gorduras saturadas	5,4g	25
Gorduras trans	Zero	0
Fibra alimentar	2,8g	11
Sódio	25mg	1

CREPES DE MORANGO

O morango é uma ótima fonte de vitamina C, além de conter ácido fólico e potássio. É pobre em calorias e rico em fibras. Contém bioflavonoides anticancerígenos.

Ingredientes
½ xícara de farinha de trigo integral
1 pitada de sal light
1 colher (chá) de açúcar light

1 ovo
1 gema
4 colheres (sopa) de leite desnatado
2 colheres (sopa) de água
2 colheres (sopa) de margarina light
250g de morangos frescos em fatias
50g de açúcar de confeiteiro peneirado
4 colheres (sopa) de conhaque
25g de margarina light

MODO DE PREPARO
1. Coloque a farinha, o sal e o açúcar em uma tigela. Faça um buraco no centro e junte o ovo e a gema. Misture bem.
2. Lentamente, vá adicionando o leite, a água e a margarina derretida e misture bem. Descanse durante 2 horas.
3. Enquanto isso, misture os morangos, o açúcar de confeiteiro e uma colher de sopa de conhaque juntos. Leve à geladeira por uma hora.
4. Misture bem a massa. Se for necessário, junte mais água para obter uma massa fina.
5. Unte ligeiramente uma frigideira com margarina light e leve ao fogo médio.
6. Faça 12 panquecas do modo habitual e mantenha-as quentes.
7. Divida a mistura de morango entre as panquecas.
8. Dobre cada panqueca em 4 e arrume-as em uma travessa refratária baixa, untada.
9. Coloque pedacinhos de margarina por cima e leve ao forno moderadamente quente, preaquecido, por 10 minutos.

10. Aqueça o conhaque restante, derrame sobre as panquecas, flambe e sirva.

RENDIMENTO: 12 crepes

INFORMAÇÃO NUTRICIONAL		
Porção de 60g – 1 unidade 60g		
	Qtde	VD(*)
Valor energético	125kcal – 525KJ	6
Carboidratos	13g	4
Proteínas	2,5g	3
Gorduras totais	7,0g	13
Gorduras saturadas	4,8g	22
Gorduras trans	Zero	0
Fibra alimentar	2,4g	10
Sódio	22mg	1

BLINTZES COM CHOCOLATE

O consumo de chocolate produz endorfina e serotonina, o que causa sensação de bem-estar. Por isso, é considerado um antidepressivo natural. Mas cuidado com as calorias. Consuma no máximo 30g por dia.

INGREDIENTES DOS BLINTZES
⅓ de xícara de óleo de milho
½ xícara de água
1 pitada de sal light
1 pitada de açúcar light
4 ovos
250g de farinha de trigo integral

1 colher (sopa) de margarina light
Água, o quanto for necessário

INGREDIENTES DO CREME DE CHOCOLATE
½ xícara de chocolate em pó
Açúcar a gosto
1 colher (chá) de café instantâneo
1 colher (sopa) de conhaque
2 ovos
¾ de xícara de suco de laranja
150g de margarina light sem sal

MODO DE PREPARO
1. Coloque no mixer os cinco primeiros ingredientes. Bata.
2. Adicione gradualmente a farinha até atingir a consistência de um creme.
3. Esquente bem uma frigideira e unte com margarina light.
4. Derrame um pouco da mistura de modo que cubra o fundo da frigideira, girando para espalhar a massa por igual.
5. Doure os crepes finos em ambos os lados.
6. Repita a operação até terminar a mistura.
7. Coloque em uma panela o chocolate, o açúcar, o café e o conhaque.
8. Misture bem. Adicione os ovos, mexendo.
9. Adicione o suco de laranja e deixe ferver, sempre mexendo. Ferva por dois minutos.
10. Tire do fogo e coloque a margarina, mexendo por 5 minutos. Coloque no refrigerador para esfriar.

11. Recheie os blintzes com creme de chocolate, enrole e sirva.

Rendimento: 15 unidades

INFORMAÇÃO NUTRICIONAL		
Porção de 60g – 1 unidade 60g		
	Qtde	VD(*)
Valor energético	153kcal – 641KJ	8
Carboidratos	16g	5
Proteínas	3,1g	4
Gorduras totais	8,6g	16
Gorduras saturadas	5,9g	27
Gorduras trans	Zero	0
Fibra alimentar	3,0g	12
Sódio	27mg	1

CREPE DE DOCE DE LEITE

O doce de leite, assim como o leite, é rico em proteína, que ajuda na construção de músculos e tecido conjuntivo (pele).

Ingredientes
250g de farinha de trigo integral
3 ovos
1 pitada de sal light
50g de margarina light
1 litro de leite desnatado
2 colheres (sopa) rasas de açúcar light
200g de doce de leite light
500g de frozen yogurt light

MODO DE PREPARO

1. Misture todos os ingredientes, com exceção do doce de leite e do sorvete, na batedeira e adicione, aos poucos, o leite.
2. Faça os crepes, muito finos, em uma frigideira, de preferência Tefal.
3. Recheie com 1 colher de doce de leite cada crepe.
4. Sirva com uma bola de sorvete light.

RENDIMENTO: 15 unidades

INFORMAÇÃO NUTRICIONAL		
Porção de 60g – 1 unidade 60g		
	Qtde	VD(*)
Valor energético	172kcal – 721KJ	9
Carboidratos	18g	6
Proteínas	3,5g	5
Gorduras totais	9,7g	18
Gorduras saturadas	6,6g	30
Gorduras trans	Zero	0
Fibra alimentar	3,3g	13
Sódio	30mg	1

CREPES DOCES DE RICOTA

Sobremesa leve e pouco calórica. Ideal para quem está de dieta e não quer abrir mão de um docinho.

INGREDIENTES

1 xícara de ricota light peneirada
¾ de xícara de iogurte desnatado

1 xícara de farinha de trigo integral
2 colheres (sopa) de açúcar light
4 ovos
Casca ralada de um limão
Óleo para untar
150g de mel de abelha

Modo de preparo

1. Misture muito bem o iogurte, a ricota, a farinha de trigo, a casca de limão, o açúcar e os ovos.
2. Unte com óleo uma frigideira pequena e doure lentamente, utilizando uma colher rasa de sopa de massa para cada crepe.
3. Vire-os cuidadosamente uma vez.
4. Sirva com uma colher de mel, polvilhando com canela.

Rendimento: 12 crepes

INFORMAÇÃO NUTRICIONAL		
Porção de 60g – 1 unidade 60g		
	Qtde	VD(*)
Valor energético	138kcal – 577KJ	7
Carboidratos	14g	5
Proteínas	2,8g	4
Gorduras totais	7,8g	14
Gorduras saturadas	5,3g	24
Gorduras trans	Zero	0
Fibra alimentar	2,7g	11
Sódio	24mg	1

CREPES DE FIGOS

O figo é uma fruta rica em fibras, potássio, cálcio e ferro.

INGREDIENTES
250g de farinha de trigo integral
½ litro de leite desnatado
4 ovos
1 colher (sopa) de óleo
1 pitada de sal

INGREDIENTES DO RECHEIO
4 gemas
100g de açúcar light
50g de farinha de trigo
1 copo de leite desnatado
1 colher (chá) de baunilha
40g de margarina light
100g de figos *in natura*
2 colheres (sopa) de açúcar de confeiteiro para polvilhar
Gotas de licor da sua preferência

MODO DE PREPARO
1. Coloque a farinha de trigo numa tigela. Abra uma cavidade central e coloque ali os ovos e o sal.
2. Bata com a batedeira, acrescentando o leite aos poucos.
3. Finalmente, adicione o óleo e deixe descansar.
4. Na hora de fazer os crepes, dilua a mistura com um pouco de água morna e gotas de licor.

5. Doure os crepes em uma frigideira com pouco óleo e preaquecida, cuidando para dourar dos dois lados.
6. Leve ao fogo brando todos os ingredientes do recheio, exceto a margarina e os figos, mexendo sempre até obter uma mistura cremosa.
7. Retire do fogo. Acrescente a margarina light derretida e os figos bem picadinhos.
8. Misture tudo muito bem e reserve.
9. Recheie os crepes com creme, dobre-os, coloque-os num prato refratário, polvilhe-os com açúcar de confeiteiro a gosto e leve-os ao forno por alguns minutos.
10. Sirva-os quentes.

Rendimento: 15 unidades

INFORMAÇÃO NUTRICIONAL		
Porção de 60g – 1 unidade 60g		
	Qtde	VD(*)
Valor energético	145kcal – 607KJ	7
Carboidratos	15g	5
Proteínas	3,0g	4
Gorduras totais	8,2g	15
Gorduras saturadas	5,6g	25
Gorduras trans	Zero	0
Fibra alimentar	2,8g	11
Sódio	25mg	1

CREPE SOUFLÉ

A framboesa é rica em vitamina C, ácido fólico, ferro e potássio. Também contém bioflavonoides, que podem proteger contra o câncer.

INGREDIENTES DA MASSA

4 ovos
4 gemas
4 colheres (sopa) de margarina light derretida
3 xícaras de leite desnatado
2 xícaras de farinha de trigo integral
1 colher (chá) de sal light
2 colheres (chá) de fermento em pó

INGREDIENTES DO RECHEIO

1½ xícara de farinha de trigo integral
6 xícaras de leite desnatado
1 xícara de açúcar light
8 ovos separados
4 colheres (chá) de casca ralada de limão
Margarina light para untar
2 xícaras de geleia de framboesa light
suco de limão

MODO DE PREPARO DO CREPE

1. Coloque todos os ingredientes da massa no liquidificador e bata até obter uma mistura uniforme.
2. Unte uma frigideira com a margarina light e, quando quente, coloque 3 colheres da massa e vá girando a frigideira para que a massa se espalhe. Repita a operação até terminar a mistura. Reserve.

Modo de preparo do recheio

1. Dissolva a farinha em um pouco de leite.
2. Acrescente o restante do leite, aos poucos, mexendo sempre.
3. Junte o açúcar, as gemas e a casca de limão.
4. Misture bem e leve ao fogo, mexendo constantemente, até ferver e engrossar.
5. Adicione o suco do limão, mexa e retire do fogo.
6. Junte as claras batidas em neve e misture delicadamente.
7. Recheie cada crepe com ¼ de xícara do recheio preparado.

Montagem

1. Feche dobrando as laterais sobre o recheio e depois dobre as outras pontas para o centro, formando um pacotinho.
2. Coloque num refratário untado com margarina light e leve ao forno quente e preaquecido por 10 minutos até ficar bem quente.
3. Sirva com geleia derretida.

Rendimento: 40 crepes

INFORMAÇÃO NUTRICIONAL		
Porção de 60g – 1 unidade 60g		
	Qtde	VD(*)
Valor energético	172kcal – 721KJ	9
Carboidratos	18g	6
Proteínas	3,5g	5
Gorduras totais	9,7g	18
Gorduras saturadas	6,6g	30
Gorduras trans	Zero	0
Fibra alimentar	3,3g	13
Sódio	30mg	1

ÍNDICE EM ORDEM ALFABÉTICA

Blintzes com chocolate 204
Blintzes de ricota..184
Canelone ao reno..150
Canelones de berinjela 73
Canelones de cogumelos 89
Cappelletti ao forno com mussarela de búfala 176
Crepe com sorvete e calda de chocolate 195
Crepe de abacaxi..197
Crepe de doce de leite...................................206
Crepe de goiaba com mascarpone....................201
Crepe de ricota com damasco 186
Crepe souflé 210
Crepes ao molho de laranja............................191
Crepes com espinafre 74
Crepes de alho-poró 91
Crepes de brócolis 99
Crepes de cogumelos 101
Crepes de figos 209
Crepes de morango 202
Crepes doces de ricota 207
Crepes recheados com aspargos e queijo 97
Espaguete ao alho e óleo peperotino 142
Espaguete ao molho de rúcula 78
Espaguete ao sugo com cogumelos salteados 76
Espaguete com almôndegas 34
Espaguete com frutos do mar 52
Espaguete com limão 125
Espaguete com ragu de peito de peru 36
Espaguete de abobrinhas à bolonhesa 59
Espaguete de rúcula selvagem e chilli 79
Espaguete Madonna Mia................................126

Espaguete vacanze 127
Espirais com molho fresco de verão 128
Farfalle à parisiense 133
Farfalle ao molho oriental 163
Farfalle com brócolis, anchovas e pimenta chilli 81
Fettuccine à carbonara 111
Fettuccine à Giovanni 152
Fettuccine ao funghi com escalopes de filé 38
Fettuccine ao molho de anchovas e alcaparras 138
Fettuccine San Daniele 130
Fusili com salmão 40
Fusili gratinado 175
Gaeng Keow Wan Gai 164
Gravatinha mediterrânea 147
Lasanha bolonhesa 117
Lasanha de espinafre e peito de peru 61
Lasanha de frango 45
Lasanha de massa de crepe 149
Lasanha de salmão ao molho de cidreira 47
Lasanha do dia seguinte 134
Lasanha vegetariana 87
Linguine ao molho de anchovas e salmão 50
Linguine com peru defumado 49
Macarrão ao molho de camarões 156
Macarrão ao pesto de rúcula
  e lascas de parmesão 82
Macarrão ao tofu 155
Macarrão de arroz com mignon ao creme 68
Macarrão mediterrâneo 136
Massa especial de verão 158
Massa tricolor com tofu 154
Molho agridoce 29
Molho branco 27
Molho vermelho 28

Morisoba 166
Nhoque ao molho pesto 112
Nhoque de batata com molho de tomate
    e manjericão 115
Nhoque de espinafre à bolonhesa 62
Nhoque de quinua 131
Nhoque de ricota ao molho de tomate 178
Nhoques da fortuna 114
Nhoques de abóbora ao alecrim e cogumelos 104
Panquecas com creme de amêndoas 194
Panquecas de maçã 197
Panquecas de salmão.. 67
Pappardelle com coelho 43
Pappardelle da calábria 42
Penne ao molho italiano 119
Penne com tomate seco e rúcula 103
Penne gratinado 181
Penne integral ao pesto de tomates e anchovas 141
Penne integral com kani e petit-pois 139
Penne oriental 167
Penne tricolor 183
Ravióli ao molho de cordeiro 33
Rigatoni aos 4 queijos 180
Salada tortiglione com atum 53
Soba 169
Talharim ao açafrão e frutos do mar 55
Talharim ao molho de champanhe 145
Talharim ao molho de nozes 144
Talharim ao molho de shitake 86
Talharim aos camarões petit-pois 57
Talharim com frutos do mar 64
Talharim com iogurte e cenoura 93
Talharim com molho de tomate, espinafre
    e ricota 84

Talharim com tomate seco e manjericão...................94
Talharim verde à campanha 95
Tradicional espaguete ao alho e óleo 121
Yakissoba 171